フランス女性の働き方
仕事と人生を楽しむコツ

ミレイユ・ジュリアーノ
羽田詩津子＝訳

nbb
日経ビジネス人文庫

WOMEN, WORK, AND THE ART OF SAVOIR FAIRE
Business Sense and Sensibility
by
Mireille Guiliano

Japanese translation published by arrangement with
Mireille Guiliano c/o The Robbins Office Inc.
through The English Agency (Japan) Ltd.

カバー・本文イラスト　R. Nichols
本文デザイン　アーティザンカンパニー

サヴォワール・フェール【sa-voir faire】〔名詞〕①ノウハウ。フランス語のサヴォワール・フェール「savoir faire」。文字どおり、「どうするべきか（faire）」を「知っている（savoir）」こと。②能力、経験。③正しい行動をするための世慣れた知識。何をするべきか、何をいうべきか、いつ、どのようにするべきか知っていること。④なんらかの技量《アビルテ・ダン・ザン・ナール・ケルコンク》。カロン・ド・ボーマルシェの一七八四年の戯曲『フィガロの結婚』第五幕三場「成功するために《プール・ガニェ・デュ・ビアン》、サヴォワール・フェールは知識よりも大切だ《ル・サヴォワール・フェール・ヴォー・ミュー・ク・ル・サヴォワール》」。⑤知恵を働かせて抜け目なくふるまうこと。一八一五年発刊のサー・ウォルター・スコット作『ガイ・マナリング』の三四章六節より、「彼は自分のサヴォワール・フェールに非常に自信を持っていた」。⑥ビジネスのセンスと感覚についての知識を活用すること。

フランス女性の働き方　もくじ

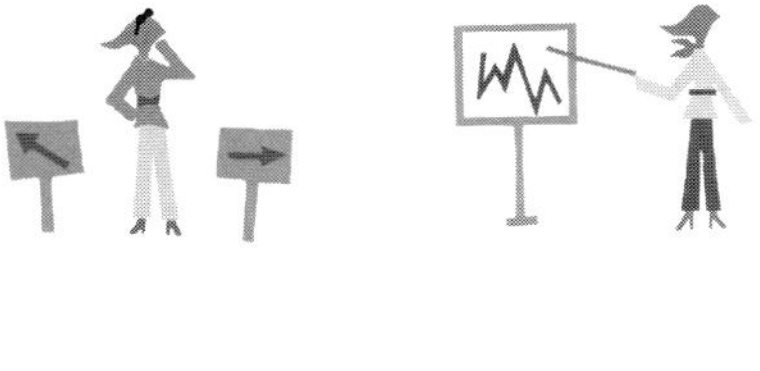

はじめに

　女性ビジネスリーダー会議の皮切りの講演で、ボストンの宴会場に二五〇〇人の女性たちが集まった。彼女たちを前に、わたしはこうたずねた。「では、ここで質問です。家族と、いつも助けてもらっている同僚をのぞいて、きちんとした助言と助力を常に与えてくれ、擁護してくれる年上の人間がいますか？　ようするに、あなたが師と仰ぐ人がいるでしょうか？　そういう人がいる方は挙手してください」およそ一五％の女性が手を挙げた。
「けっこう。では新しい質問です。チョコレートが好きな方は手を挙げてください」だいたい八〇％の女性がさっと手を挙げた。これは科学的なこと？　いいえ。多くを物語っている？　そのとおり。女性は多くのこと（チョコレートへの愛とか！）を共有しているが、たのもしい師を持つことはそれには含まれない。
　誰もが質問をしたり、助力を求めたりできる特別な（一人または二人の）人を必要としている……自分のために力を貸してくれることを当てにできる人物だ。わたしはその役目にうってつけだと思う。そこで、わたしのキャリアがどういうふうに発展していったかを、きちんとお伝えすることにした。活字になった本を通してしか、わたしと語り合うことができない人たちにも。この本を書いた理由のひとつは、わたしが会議やビジネススクールで講演したあとで聴衆と言葉を交わした際に、あるいはフランス女性についての著者(『フランス女性は太らない』『フランス女性の12か月』)のどちらか、もしくは両方とも読んだのちに世界じゅうから送られてきたeメールで、キャリアについての本をわたしの人生の視点から、わたしの流儀で書いてほしいと頼まれたからだ。

本書を執筆しながら、仕事の面接でわたしの前にすわった、たくさんの女性たちのことが思い出された。長年にわたって、わたしといっしょに働いてきた女性たちだ。それにわたしが仕えてきた人々(優秀な人もいれば、そうでない人もいた)。当時はいろいろと言いたいことがあっても、わたしはまだそれを口にできる立場ではなかった。今ようやく、そのチャンスを手に入れたのだ。

読者のみなさんに伝えたいのは、「将来の雇い主にどうしたら自分自身をいちばんよく見せることができるか」「ワーク・ライフ・バランスをどうとるか」「こなさなくてはならない仕事があまりにも多くて時間がないときに、どうやってリラックスして楽しむか」、そういったことだ。おおざっぱに言うと、女性の課題は**健康的なワーク・ライフ・バランスを保つこと**――いくつもの個人的な責任と喜び、仕事における挑戦と期待、プレッシャーのはざまで、これはぜひとも必要なものである。あなたが幸せではなく、みじめで不健康なプライベートを過ごしていたら、仕事で成功しても意味がないのではないだろうか？

本のタイトルは『フランス女性はクビにならない』にしたらどうかと、冗談めかして勧められた。だが、フランス女性だってクビになるし、仕事を失わないための盤石の方法を伝授することはできない。わたしがキャリアをスタートしたとき、また出世の階段をのぼる途中で、手元にあればよかったのにと思うような本を書きたいと思っている。ただし、これは「成功」する方法や「角部屋のオフィス」を手に入れる方法を伝授するビジネス書ではない。もちろん、昇進するためのアドバイスは得られるだろう。しかしなによりも、幸せになり、いい人生を送るためのアドバイスを発見できるはずだ。あなたは仕事に全力を傾けているかもしれない。だからこそ、あえて、スタイルや服や食べ物やワインや楽しみや人生について、ビジネス書の中で語ったのだ。仕事は、わたしたちの生活の一部でしかないのだから。

仕事は今よりもっと賢く健康的にこなすこともできるし、享受することもできる。〝臨機応変の才《サヴォワール・フェール》〟を発揮することによって。ニューヨークで広報の仕事につき、初めて重要な仕事を任されたときのことは今でも忘れられない。わたしはそれまで広報の勉強をしたこともなければ、仕事の経験すらろくになく、たんなる熟練した通訳翻訳者だった。とうてい広報の仕事ができるとは思っていなかったが、《ニューヨーク・タイムズ》紙の求人広告に夢のような仕事が出ていたので、ともかく応募してみた。他にも三〇人の応募者がいた。自分がその仕事を手に入れられたのは奇跡に思えた。そして、新しい仕事につく人間はたいていそうだろうが、その挑戦に見合う能力がないのではないかと少し不安になった。結局、わたしにはその能力があることがわかった。三カ月後の人事評価で、どうして経験者ではなく、わたしを採用したのかと大胆にもボスにたずねてみた。「プレスリリースすら書けなかったんですよ」不思議でたまらなかった。

「ミレイユ、プレスリリースの書き方は誰だって学べる」ボスは答えた。「きみの一般教養、熱意、語学の才能は他の人々にはないものだったんだ」

わたしたちは常に新しいことを学べるし、必死に働くうちに進化し、自分の潜在能力に気づくことができる。さらに他人は（洞察力の鋭い広報のボスのように）本人にはわからない才能や潜在能力を発見することができる。

二冊のフランス女性についての本を執筆したことにより、自分の経験をわかちあい、これまで学んできた教訓を伝えれば、同じように仕事をしたがっている女性たちの役に立つことがわかった。そのうえ女性が経験し、観察し、同じ女性に伝える人生は、男性の視点から語る人生とは異なり、より共感しやすいと思う。その点について、ビジネスマンは気づいていないようだが。

広報の仕事からスタートしたわたしは、やがて何十億ドル規模の企業の重役会議に出るようになった。世界じゅうの大都市で朝の八時半に開かれる会議では、自信たっぷりの重役たちが葉巻に火をつけた。そして何時間かたち、まだ紫煙は立ちのぼっていたが、会議の内容は上向きにはなっていなかった。ある局長がラップトップでポルノサイトをのぞいているのを見つけたこともあった。わたしが見ていることに気づいた彼はこう言い訳した。「朝は元気づけにこれが必要なんだよ」意外ではないが、CEO（最高経営責任者）や重役会議のメンバーの九〇%以上が男性なのである。

わたしは経営学者や経営コンサルタントや就職カウンセラーではない。しかし、アメリカとその他の国々で、三〇年にわたってビジネスウーマンとして働き、ビジネス界での女性の役割の進化や、市場のグローバル化を目の当たりにしてきた。それをみなさんにお伝えしたい。また、バランスのとれた健康的なライフスタイルを通して、現代のビジネスと生活における文化的危機についても訴えたいと思っている。

わたしは三世紀にわたる複数の国の歴史をふまえ、世界的な視点でこの本を書くことができた。フランス女性であり、アメリカ市民であり、フランス企業で働いているので、いわば異文化の眼鏡をかけわけられるからだ。それは渦中にいると見落としてしまいがちな、仕事環境の特性をはっきりと見極めるのに役立っている。

わたしが一九八四年に入社したフランスのシャンパンメーカーは、一九世紀の人材と商売のやり方を踏襲し、没落しかけた貴族が代々営んでいる家族経営の企業だった。彼らはとてもいい人たちだったが、彼らがビジネスにおける女性の存在に気づいたのは、おそらく世界初の「現代的」ビジネスウーマンであるマダム・クリコが最初で最後だろう。彼女は一七七七年に生まれ、一八六六年に亡くなった。わたしは一夜にして、ヴーヴ・クリコ社で、マダム・クリコ以来、最高の地位についた女性になった（今でもひそかに胸にしまってあるうれしい記憶は、社長で、本物の紳士であるアラン・ド・ヴォギュエ伯爵が、うっかりわたしを「マダム・クリコ」と呼んだことだ）。

のちに二度の続けざまの合併によって、ヴーヴ・クリコ・グループは、世界一のラグジュアリーブランドを扱う企業ＬＶＭＨ（モエ ヘネシー・ルイヴィトン）グループの傘下に入った。それによって、ビジネス文化は大きく変化し、わたしのビジネス世界は、かなり独立性を持ったフランスの成功した会社組織から、二一世紀の世界的コングロマリットであるＬＶＭＨグループへと変化した。

国連が「国際婦人年」と定めた一九七五年に、《タイム》誌は「婦人年」に突入したと宣言した。その記事の掲載は二五年早かったと思う。たしかに、わたしを含め、女性の存在と機会について進歩的な考えを持ち、新たな分野にのりだしつつある女性もいたが、角部屋のオフィスも重役会議も、一世代先まで実現しなかった。当時のアメリカで、弁護士と医師における女性の割合は一割にも満たなかった。現在はその比率が三割になり、さらに増え続けている。だが米国議会では、女性議員はいまだに二割以下だ。

しかし、本当の変化は国内および海外の教育において起きている。アメリカはこの二〇年で、一八歳から二四歳までのますます多くの女性が大学に通うようになり、いまや大学生の半分を女性が占めるようになった。先進国も開発途上国も、その未来は女性の専門職の出現にかかっている。中東を含め世界のいくつかの地域では、庶民の娘たちにも高等教育を受ける余裕がようやくでてきた。グローバル経済にとって重要な仕事に通じる道が、女性たちにも開かれつつあるのだ。

ビジネス、行政、統治がグローバル化しつつある時期に、第一線で活躍する女性から（そして男性から）学ぶ教訓は二一世紀にとって重要である。しばしば口にしているとおり、わたしは過去に生きたくはないが、過去から学びたいと思っている。この本では個人的な実例も含め、古いアイデア、新しいアイデア、両者を組み合わせたさまざまなアイデアについて書いた。自分の人生経験からいくつかのアイデアを選び、それらを組み合わせ、おそらくこれまでになかった特別な材料を入れた煮込み料理を作ろうとしたのだ。その料理を気に入ってくださることを祈っている。

　できたら、ここで紹介する考え方が自己を見つめるきっかけとなり、人間的な成長へつながってくれればうれしい。スタイル、ストレス、エチケットと広い分野におけるアイデアをあげ、ビジネスライフを全体的に眺め、苦痛ではなく喜びに焦点を当てている。ただし、この本は教本ではない――よりよい会議をするための五つの秘訣や、むずかしい同僚に対処する六つのコツを学ぶことはできないだろう。この本に書かれているのは戦略的なアイデア、価値観、経験、教訓、実例、エッセイ、それにいくつかのアドバイスだ。本書は、今日のビジネス世界で、女性がバランスを保ちながら能力を発揮するための知恵と秘訣と手段を見つけるのに役立つはずだ。さあ、始めよう《アロン・ジー》！

1

人生にはいくつものエピソードとステージがある

わたしは二カ月後に、夢だった仕事につこうとしていた。フランスのストラスブールにある欧州議会の翻訳者の職だ。そのとき、チャンスなのか運命なのか、ともあれ邪魔が入った。

その半年前、わたしは大学卒業後、初めて就職したスウェーデンの会社のパリ支社で、通訳翻訳者兼小プロジェクト責任者をしていた。だが、周期的に襲う不況のせいで人員削減が行われ支社が閉鎖されることになり、いきなり職を失った。ただし一年以上働いていたので、少々の解雇手当をもらった。二〇代の女の子にとっては大金だった。

もちろん仕事が必要だった。そして、欧州議会に目をつけたのだ。欧州議会は若くて世間知らずのわたしにとって最高の就職先に思えた。わたしは採用試験に受かり、秋の次の会期から翻訳者の仕事につくことになった。そこで、就職するまで解雇手当を使ってアメリカとギリシャを旅行し、最後にふとした気まぐれで、アメリカン・エキスプレスの格安ツアーを利用してイスタンブールに行った。

空港からホテルに向かうバスに、長い巻き毛に青い目、よく日焼けしたハンサムな青年が乗っていた。彼はフランス語でわたしにこう言った。「そんなに身軽に旅をしているとは、ずいぶんきみは賢いんだね」

わたしはいつも荷物が少なかったが、そのときはアテネにスーツケースを置いてきたからだった。

その青年はトルコ人だろうと推測したが、そうではなかった。

彼はニューヨークから来たアメリカ人で、アテネからイスタンブールまでの同じ格安ツアーに申し込んでいたのだ。

それから数日間、その青年は旅の道連れになり、アテネに戻ってからの数日間、さらにまた数日間をいっしょに過ごした。そして、わたしはすっかり恋に落ちていた。

わたしたちは交際を続けたいと思ったが、彼はアメリカに帰らなくてはならなかった。博士課程を終えなくてはならなかったからだ。わたしはフランスに戻った。それから数週間のあいだ、わたしは人生でもっとも重要な決断に迫られた。古典的な決断だ——仕事か？　男性か？　街は？　国は？

結局、これまでの計画と夢をすべて捨てて、わたしは男性とニューヨークを選択した。三〇年以上、その男性エドワードはわたしの夫であり、その街はわたしの家だ。当初の夢だった欧州議会での仕事にはとうとうつかなかった。

ビジネスでも人生でも、計画なんてこんなものだ。学んだ教訓。「人生にはいろいろなことが起きる。どんな機会とめぐり合うか、えてして予測がつかない」

人生にはさまざまなエピソードがあり、ステージがある。エピソードについては、少なくともその時間と場所についてはほぼ自分の意志でどうにかできる。ステージは次々に続いていくもので、たとえば思春期とか最初の就職先など、多くの場合避けることができない。ビジネスにもいくつものエピソードとステージがあり、ときには残酷なやり方でわたしたちの情熱を奪い、誇りにしていた能力をありふれた的はずれなものに感じさせることもある。

才能をきわめる

わたしの人生におけるひとつのステージは、東フランスで暮らしていた一〇代に、言語への情熱を発見したときに始まった。母国語であるフランス語、重要性の増している英語、そしてドイツ語が、当時ヨーロッパでもっとも重要な言語だった。何かが得意だと感じると――わたしは語学がとても得意だった――誇らしく感じ、ますますそれをきわめようという気になるし、周囲からも奨励されるものではないだろうか？たとえば、音楽、ダンス、運動が得意な人は幼児期から熱心に才能を磨き、世界的な演奏者やスポーツ選手になったり、プロになったりすることもある。しかし、大半は長続きしない。

わたしは言語と文化への関心のおかげで、ハイスクールのときに交換留学生としてボストン郊外に行き、帰ってきてパリで大学生になり、その後、将来の夫エドワードとアメリカに渡ることになった。アメリカではよく知られた業界で働いた。まず翻訳者として国連で働き、次に語学への情熱を追求するために、フランス食品振興会のニューヨーク事務所でいちばん低い地位についた。その後ニューヨークの広告会社に移り、フランス人であることと少々の知識を生かしてシャンパン部門の責任者になり、シャンパーニュ地方ワイン生産同業委員会（ＣＩＶＣ）のアメリカ事務局の販促を担当し、シャンパン産業全体の宣伝をすることになった。そのとき、わたしは本当の意味でビジネスを学び、広告会社のアメリカ人経営者から父親のように教えを受けたのだ。

最初の専門的な仕事が宣伝だったのは、わたしにとってリスクに思えた。宣伝の仕事のことなどまったく知らなかったからだ。じきに職を失うのではないかと不安で、ドアの外に秘書がいる五番街のオフィスにすわっていても、当初は落ち着かなかった。しかし、そのうち自分自身についてあることを発見して、恐怖と不安を克服した。

おそらく、あなたも初めての職場、あるいは昇進した新しいポストに出勤するとき、雇い主の期待に応えられるだろうかと不安になるにちがいない。わたしの最初の仕事には、公の場で講演をしたり、ラジオのインタビューに答えたりすることが含まれていた。それまで仕事でラジオとかかわりを持ったことなどなかった。しかしボスは、マスコミを相手にすることは、わたしの新しい地位にともなう責任だと言った。

シャンパンはニューヨークではおおみそかの伝統的な飲み物で、年間消費量の大半が一一月末から一月一日にかけて販売される。そこで、その時期にシャンパンについての取材やインタビューが集中した。長年にわたって、わたしは「ボトルの開け方」について話してきた。とりわけ、一二月の最後の数日間には数えきれないほど。このちょっとした小話を披露する初の機会は、わたしが新しい仕事についてすぐに訪れた。このシャンパンについてのインタビューを放送してくれと、ラジオ局にかけあうように命じられたのだ。おまけに、インタビューを受けるのもわたしということになった。ほとんどの場合、生放送で！

わたしはその仕事が不安でたまらなかった。リストの最初のラジオ局に電話し、シャンパンについての話を放送してもらうように交渉したとき、受話器を握りしめる手に力が入らなかったのを覚えている。

過去のプレス関係者向けのプロモーションレターはファイルに入っていた。そのほこりを払って、あらためて送ってすますこともできた。しかし、わたしにはひとつ有利な点があることに気づいた。フランス訛りだ。それをニューヨークの人々は、魅力的だとよくほめてくれた。交渉をするときは、実際に決定を下す人と直接話さなくてはならない。仕事への応募書類同様、プロモーションレターもしかるべき人に読んでもらい、記憶に刻まれる必要がある。また、電話や直接会って話すことによるプロモーションレターもある。そこでまず、わたしは電話をかけて、出演者を決める責任者の名前を聞きだした。この作業はきわめて重要で、絶対に名前をまちがえたり、異動した元担当者宛てに手紙を送ってはならない。それから、担当者宛てにプロモーションレターを送った。そして、必ず手紙の冒頭にわかりやすいフランス語をつけ加えた。そこから、本当の仕事が始まる。成功率は高くないと承知していたので、わたしは国じゅうに電話をかけまくった。

相手が忙しいときもあれば、たんにわたしと話したくないこともあった（何かを売り込むときのスキルのひとつは、拒絶を受け入れる能力である）。ときにはツキがあってプロモーションレターを覚えている人もいた。きわめて幸運なことに、プロモーションレターを受けとってから電話をくれる人もいた。しかし、たいていの場合、ひたすら電話をかけ続けた。とりついでもらえ、決定権のある相手と話せたら、成功だった。

「へえ、それがフランス訛りなんですね？」

その言葉に、相手の心をとらえたことを悟った。

しかも、わたしはラジオ向きの声をしていた。わたしはラジオ局の人間が望んでいること、たとえばパリの旅行情報からニューヨークのお勧めフレンチレストランにいたるまで電話で話し合った。笑いあい、つながりができた。これは、ビジネスを成功させるうえでの重要な要素であり、おかげでいくつものインタビューが決まった。

そして、どのインタビューでも——一分のスポット番組から一時間のリスナー参加番組まで——わたしは恐怖を克服したばかりか、インタビューを楽しみ、自分にその才能があることを知ったのだった。期待以上の仕事をすることの大切さや、ビジネスにはいろいろなアイデアが生かせることも学んだ。しかし、なによりも実行することが重要なのだ。目の前の仕事に自分にしかない才能の照準をあわせると、もっとも力を発揮できるものだ（あなたには、前任者や同僚が持っていないどういう才能があるだろう？　もしかしたら仕事における高い倫理観かもしれないし、たんなる魅力的な訛りかもしれない）。また、わたしがプロモーションレターで実践したように、古くからあるすぐれたアイデアを利用して、新しいアプローチの仕方ができる。ボスはびっくりしたが、わたしは最初のシーズンに五三件のインタビューを獲得した。前年は三件だけだった。数週間で一年分に匹敵する成果を出したのだ。それはわたしのビジネスでの信用を飛躍的に高めた。そして、人生と仕事におけるひとつのステージを作るのに役立ったのである。いい時期《セテ・ル・ボン・タン》だった。

わたしはたちまち部門のトップに昇進した。やがて経営者が引退したとき、さまざまな顧客を抱える広報会社を継ぐこともできた。その後、わたしは別のチャンスを選び、これまでなじみのなかった道を歩きだした。そして、それはすべてを変えたのだ。つまり、人生と仕事はいくつものエピソードとステージを経ていくが、与えられたチャンスをつかむ（あるいはリスクを負う）ことは、すべてを変えるのだ。ただし、その機会を常に予測できるとは限らない。恐怖と不安をコントロールして早まった決断を下さないようにすることは、プロとして必要なスキルである。経済状況が悪いときには、とりわけ恐怖に翻弄されがちだ。恐怖は戦うには手強いが、助けとなることもあると知っておきたい。

「ピストン」なしで始める

ニューヨークの広告会社のシャンパン部門でキャリアを築くことができたのは、運とスキルがあったからだ。もちろん、いい時期に、いい場所にいたおかげでもある。しかし、その仕事はコネで手に入れたものではなかった。フランスでは通常、「コネ」でとっかかりの仕事をひとつかふたつ手に入れられる。フランス語ではそれを「ピストン」という。わたしには一切コネがなかった。ニューヨークでしかるべき仕事を探そうとしたとき、そのことが痛いほど身にしみた。わたしを推薦してくれる父親も伯父も姉も兄もここにはいないのだ。アメリカはヨーロッパに比べて能力主義で、大学の就職斡旋所や師事した教授の力のほうがものをいう。知り合いや個人的なコネが役に立たないわけではないが、アメリカでは独力で面接にこぎつけなくてはならない。

マリアに会ったとき、かつて自分が訓練やコネなしで職を見つけることがどんなに大変だったかを思い出させられた。マリアは二〇代後半のヨーロッパ人で、組織の底辺から抜けだせず、活気のないヨーロッパの町に住み、新しい人生のステージに進みたいと切望していた（覚えておいてほしいのは、今、人生で足踏みをしているからといって、そこから抜けだせないわけではないこと。できたら早いほうがいいだろうが、待たねばならないこともある）。彼女の住む世界は、わたしがかつて慣れ親しんでいた古いヨーロッパの流儀と習慣を思い出させた。

マリアの次のステージ

マリアは科学と言語の才能を備えた長身の魅力的な女性だ。最優等で生物学の修士の学位をとり、両親の住んでいるところから一時間半の距離にある小さな町の非営利の癌研究所に勤めていた。薄給で四年間仕事をして五年目に入ったところだった。マリアはプライベートでも仕事でも次のステージに進みたいと願っていたが、出口を見つけられずにいた。ボスはひどい人間だし、仕事にもやりがいを感じなかったが、狭い個室にしばりつけられていたので、別の都市の仕事を探す機会がほとんどなかった。おまけに、彼女にはまったくお金がなかった。きわめて慎ましい一人暮らしをするにも、ささやかな収入しかない両親からの援助をあてにしなくてはならなかった。薔薇色の未来は望めそうになかった。多くの人が、マリアのような人を知っているにちがいない。

わたしたちが知り合ったのは、健康と栄養についてマリアがフリーランスとして記事を書いたのがきっかけだった。わたしは彼女の豊富な知識に感心し、さらにドイツ語、英語、フランス語、イタリア語、スペイン語を自由に操れる能力に加え、人間性にも感銘を受けた。「仕事にすっかりうんざりしているので、夜、外国語の歌を聴いたり歌ったり、インターネットでニュースや記事を読んだりして、語学の力を磨いているんです」マリアは当たり前のことのように説明した。

仕事の面接のために出版社に二日間の旅費を負担してもらって、マリアがこちらに来たときに、彼女と初めてニューヨークで会った。このすばらしい機会にマリアはとても興奮していたが、ビザ発給の際の不手際で夢が打ち砕かれ、ひどく落ちこんでしまった。

このエピソードと彼女の境遇に、わたしは心を痛め、辛抱するように、わたしも力を貸すからと慰めた。ただし、魔法の杖をひと振りしてもらえると勘違いされたくはなかった。わたしはフランスにマリアを招待してしばらくいっしょに過ごし、彼女がどういう人間か、そして彼女が本当にやりたがっていることは何かをもっとよく知ることにした。今の仕事と町から逃げだしたいあまり、彼女は何でもやるといいだしていた。その町では独身で若いということは、結婚するか引っ越しして町を出るか、どちらかしか道がなかったのだ。

マリアの好き嫌い、情熱、恐怖、才能、スキル、夢についてさんざん話し合ったあとで、現実的な可能性にしぼった。仕事はヨーロッパで見つけよう、そこならきちんとした新聞社で働けるし、家族からもそれほど遠く離れなくてすむと。彼女は出版社を希望していたが、仕事の間口は広げておき、傑出した能力を生かせる仕事に焦点を当てることにした。企画のコーディネイト、小さな部門の運営、マーケティングとか広報でもいい。

そこで履歴書に工夫を凝らした。というのも、これまでひとつの仕事しかしておらず、そのことはマリアの能力が過小評価される要因だったので、本来ならどういうことができるかを雇用者側に伝えたかったからだ。彼女が新しい会社に対して寄与できることを列挙していった――語学とコミュニケーション・スキル、数学、科学、コンピュータ・スキル。過去の仕事で何をしてきたかではなく、今後どういうことができるかについて、正確なデータとともに彼女のスキルと経験を強調して履歴書を書き直した。つまり、現在の仕事よりも、もっと高度で幅の広い仕事をこなせることを示したのである。しかも、それは真実だった。

願っているような仕事にめぐり合うには一年ぐらいかかるだろうから、忍耐が必要だと、わたしは忠告した。マリアには時間の余裕があった。まだ三〇歳前だ。わたしは彼女を数人に紹介し、六人ほどに履歴書を送った。とうとう、パリを拠点にグローバルに展開するサービス会社の面接を受けた。そこでは広報とマーケティングチームに人材をほしがっていた。現在の勤め先で、マリアはニューズレターを書いたり、研究会議のスケジュールを管理したりしていたので、その経験を生かすことができた。それに語学力もあった。ぴったりだった。

マリアは不安になっていたが、もちろん面接にわくわくもしていた。ただし、採用担当の女性のスケジュールにあわせて、パリとリヴィエラを行ったり来たりしなくてはならなかった。この負担は、マリアにとって精神的につらかったにちがいない。彼女には面接の経験がほとんどなかったので、わたしはニューヨークからメールと電話で、模擬面接をしてあげた。聞かれそうな質問をして、受け答えを練習した。あなたの強みは何ですか？　短所は？　この仕事にどう取り組みたいですか？　この会社と仕事のどこに興味を持ちましたか？　長時間の労働はしますか？　出張は？　転勤は？　これまでの経験とどういう部分が共通していますか？　なかでも答えに窮する質問はどのぐらいの給与なら受け入れられるかについてだった。マリアはいくらでもかまわないと考えていたが、現在の二倍未満の給与では、パリに移住して贅沢ではなくても自立して生活するには足りないことを納得させた。「ふさわしい仕事が来るまで待ちなさい、マリア。まだ今の仕事があるんだから」わたしは言った。

「給与の質問にはどう対応したらいいでしょう?」

「少なくとも三つの選択肢があるわ」わたしは答えた。「現在の収入を伝え、増えなければ引っ越しは考えられないと感じよく言う。あるいは、その仕事でもらえると推測している金額を伝えることもできる。けれども、わたしならどちらもしないわ。わたしがあなたの立場だったら、給与に関する質問がどういう形で提示されても、引っ越してパリで暮らせるだけの金額を求めるでしょうね」

リサーチが得意な彼女は、インターネットで会社の最新情報を仕入れ、機会があったらたずねる質問も用意していた。面接のときは「何か質問はありますか」と聞かれると予想しておいたほうがいい。だから、いい質問を準備しておくこと。彼女が面接に出かける前に、わたしはもうひとつアドバイスを与えた。面接会場で椅子にすわったら、リラックスして自分らしくふるまうこと。あなたはあなたでしかないのだし、「普段の」あなたを見せたほうがいい。あなたが話している相手は、あなたに恩恵をほどこそうとしているのだ。相手にはあなたが彼らの組織にふさわしいかどうかを見抜く力がある。もし採用されたら、おめでとう、あなたは新しい仕事ばかりか、新しいポジションで成功できるように力を貸してもらえるという約束も、手に入れたことになるのだ。

　面接はうまくいった。相手の女性はまた連絡すると言った。その仕事につくのは六週間後だったからだ。しかし彼女はとうとう連絡をくれなかった。マリアは精神的に落ちこみ、相談相手を必要としていた。わたしはよかったらアドバイスを与えるし、助力を求めることをためらわないようにと励ました。必要なときに、誰かに助けを求めることができるのは重要だ。

　ひと月ほどして、わたしが最初に紹介した別の会社での面接が実現した。こちらのほうがもっと条件がよく、成長の余地もある優良企業だった。誰でも知っている、中規模の国際的な家族経営の会社だ。彼女を面接してくれる予定の女性は、ヨーロッパとアメリカに頻繁に出張していたので、面接までにしばらく時間がかかった。面接の場所は、今回も南フランスになった。マリアは面接に備えてまえもってその企業について調べていたので、わたしはこの仕事なら現在の三、四倍の年収をもらうべきだと助言した。

「三倍以下で引き受けることは考えないほうがいいわ」わたしは言った。「値引きした給与でも喜んで引き受けたら、見くびられるでしょう。それにこの会社は、その水準かそれ以上の給与を楽に支払える。あなたは修士号を持っている能力のある女性だし、五年のビジネス経験があり、五カ国語に堪能なのよ」

彼女にしてみれば、あまりにも高額の給与だったので、わたしがちがう世界から来た人間のように思えただろう。マリアは自信を示す必要があり、恐怖やマイナス思考に負けてはならなかった。マリアを励ましアドバイスをする人間として、わたしは、安売りさせないつもりだった。

最初の面接がうまくいったあとで、企業の人事担当者の二人が、マドリッドで彼女に会いたがった。実は彼女の能力が高すぎるせいで、もう少しで落とされるところだったと、あとから聞いた。会社の人間は、彼女の教育と知性に怖じ気づいたのではないかと思う。しかし、ジェノヴァの上層部の人間に彼女を会わせることになった。この時点で、会社側は彼女を採用したいと考え、トップは彼女に会いたがっていたようだ。しかし、トップは二週間、予定が空かなかった。その頃には、マリアの頭は可能性と責任でいっぱいになっていた。現在の職をどうやって辞めるかについて考えていたのだ──「新しい会社から採用の正式な書類をもらうまでは辞めてはだめよ」わたしは忠告した。さらに、引っ越すことを大家にいつ、どのように告げるかなどについてもアドバイスした。

手短にいうと、彼女はジェノヴァに行き、仕事を手に入れ、歓声をあげると、ひと月の訓練のためにアメリカにやって来た。重要な責任（と高額の給与）をともなう職務は、つい数カ月前には想像すらしていなかったものだった。「空港まで迎えの車を寄越してくれて、ひと月借りてくれたアパートメントまで送ってくれるそうです」アメリカに向かう空港から、彼女はＩＰ電話で連絡してきた。友人や親戚には、それが「現実」になるまで、つまりひとつのエピソードから人生のステージになるまで黙っていたのではないかと思う。何カ月ものつらい試練の末、夢は現実になった。人生はこんなものだ。いくばくかの幸運と才能と努力、それに少々の手助けさえあれば大丈夫だ。

わたしの次のステージ

たしかに、才能、努力、それにしかるべき場所にいることは、幸運を手にするのに役立つだろう。わたしは二〇代後半までに、なんらかの管理者の立場になり、誰かのお金でさまざまな一流レストランで食事をしたいと願っていた。本当のこと《セ・ヴレ》だ。広報会社でシャンパンメーカーの担当になったおかげで、その目標はとりあえず達成した。そして仕事を通じて、アメリカに輸出されている大きなシャンパン・ハウスのトップたちと会った。さらに、もう少したつと、ほとんどのトップがわたしをスカウトしようとした。つまり、転職には人脈と忍耐が必要だということだ。

ヴーヴ・クリコから声がかかったとき、わたしはすでに準備ができていた。ヴーヴ・クリコのためにニューヨークを拠点に働くことは、わたしの選んだ分野で仕事をし、生まれ故郷のフランス出張で両親と会え、毎年、一流レストランで何百回も食事をする機会を約束してくれる。企業戦略はうまくいかないだろう、ブランドはアメリカでまったく知名度がない、ビジネスモデルが実現不可能といった多くの否定的意見にもかかわらず（のちに全員が前言を撤回したが）、わたしはその仕事を引き受けた。こうして、わたしはヴーヴ・クリコがアメリカで展開する新規事業の最初の従業員になったのである。思い返してみると、勝手な意見と推測を口にした人々は、嫉妬していたか、たんに洞察力に欠けていたか、彼らのブランドでできないことが経験の浅いわたしになどできっこないと見くびっていたか、いずれかだろう。そのうち何人かはのちにブランドを失い、ビジネスから撤退した。だがヴーヴ・クリコのアメリカ支社は輸出販売会社として一〇以上ものブランドを持ち、最高のイメージと評判を得て、大きな利益を生みだした。

ここでも、新たな教訓を学んだ。**野心を達成するときに、恐怖に邪魔をさせてはな**

らないということだ。失敗と同じように成功は相対的なもので、ぱっとしない仕事のステージから抜けだして、上昇できる可能性はいつでも存在する。朝目を覚ましたら、予想や見通しがすっかり変わっているかもしれない。それはあなたが新しい人生のステージに入り、新しい機会と挑戦に遭遇するという意味なのかもしれない。それならまず機会を探す必要がある。あるいは、機会はすでに訪れていて、「そのときが来た」と宣言しているのかもしれない。

キャリアアップしようとしたとき、不安を覚えなかったわけではないが、じっくり検討したうえで決断を下した。まず会社とブランドがどういう状況かを調べた。すると宣伝に値する品質、歴史、競争力が存在した。だから、わたしはその挑戦を引き受け、責任を果たすことにした。たしかに、すべてが悪い方向に進むかもしれないという不安もあったが、正直にいえば、やりがいのある挑戦と、役得と高い給与の魅力は、その恐怖をなだめ、決断をうながしてくれた。さらに重要なのは、この場合、わたしは個人的なリスクと、その結果を受け入れることができたということだ。しばしば、人は最悪の事態を考えて不安におののく。自信を失い、不安になって、経済的リスクに動揺し、夢に描いたのとはちがう仕事やライフスタイルから一歩踏みだせない。その結果情熱を失い、悲嘆に沈み、抑鬱状態にすらなる。すべては、機会が訪れたときにリスクを冒すことを恐れたせいなのだ。

もちろん、あまりにも無謀なリスクを避けることは賢明な決断である。しかし、そうした決断は恐怖からではなく、知性によって下されるべきだ。わたしのプライベートと仕事において下したすぐれた決断の数々は、男性のためにアメリカに移住することから、ラジオのインタビューを受けること、将来が不確かな仕事を引き受けることまで、すべてリスクのあるものだった。結局、その会社で二〇年以上働き、長いあいだCEOをつとめたのだった。

女性はしばしば、人生のステージやエピソードが、結婚や夫の仕事のステージ、子育て、両親の介護といったことで決定される。わたしは母が最近九六歳で亡くなるまで面倒を見ていたし、現在は夫のエドワードの九三歳の母親の世話をしている。人生のそうしたステージを終えれば、新たな仕事にのりだす機会が開けてくる。それらは「幸運な休息」を堂々ととれる時期でもあるのだ。というわけで、機会が大切なのだ。失敗について考えるのはやめよう。

わたしは仕事で成功するための目標も作戦もなかった。ただ、同僚や競争相手よりも、さらに一生懸命、さらに賢く仕事をすることだけを考えていた（できたらさらにおいしいものを食べながら）。

『天才！　成功する人々の法則』でマルコム・グラッドウェルは、天才には共通して勤勉な傾向があると述べている。難関にぶつかり、失敗しそうなときにも、あきらめずにがんばるという傾向だ。さらに、大きな成功を成し遂げた時期の前には、幸運な休息期間がある、ときには複数回あると分析している。その思いがけない機会を、こうした賢明な人々は逃さずにとらえたのだ。それは天才の男性だけにあてはまるものではない。幅広い能力のある女性にとっても同じである。そして、わたしの場合も、仕事と人生で新しいステージに立つ機会をつかむための準備期間だったのである。

2

道を選ぶ。情熱、才能、プラスアルファ

好きなことを仕事に選ぶと「一生、二度と仕事をする必要がなくなるだろう」というのは使い古された言葉だ。もっともそれが真実ならいいが、実はそうではない。あなたが必要経費の請求書を書くことと、メールを消去することだけが好きなら別だが、いやな仕事をさんざんしてからでなくては好きなことをやれないのだ。わたしの場合、シャンパンを飲んで、五つ星のホテルで優雅に過ごす仕事だけではなかった。どんな仕事のどんな地位でも、そこにたどり着くまでには大変な苦労をしなくてはならない。しかし、自分の仕事に情熱が持てれば、成功の味は格別だろう。

情熱を傾けて何かをしているときは、より美しく見えるにちがいない。イヴ・サンローランはこう言った。「女性のもっとも美しい化粧は情熱だ。しかし、化粧品のほ

うが簡単に手に入る」

すでに申し上げたように、人生はいくつものエピソードとステージで続いていくとわたしは信じている。新しいエピソードやステージが登場すれば、古い情熱が薄れるのははっきりしている。当然、わたしたちの最初の愛や情熱は過大評価されがちなので、それにしがみつくのは賢明ではない。いっとき熱心に求めて、捨てられる愛もある。それが人生だ《セ・ラ・ヴィ》。

情熱と機会のバランスをとる

一五年前に初めて出会い、最近また連絡をとるようになったエミリーの例をご紹介しよう。エミリーは建築家になるのが夢で、それをかなえると、中西部からニューヨークに出てきてキャリアを築こうとした。建築は挑戦しがいのある競争の激しい業界で、エミリーは最低生活水準でコツコツ働いていた。

そんなある日、エミリーはパーティで一人の女性に会った。同世代の女性で全国誌の編集をしていた。自己紹介をしてしばらくなごやかに話すと、新しい知り合いはこう切りだした。「建築家なら、新しいホテルXについて短いレビューを書いていただけない？」

ご想像どおり、エミリーは言った。「ぜひ！」

それによって、彼女は人生における新しいステージとキャリアに踏みだしたのだ。彼女のレビューは好評だった。エミリーは彼女の「目」と知識を新たな分野に生かすことが気に入った。そして、「建築についての執筆」がとても楽しいことを発見した。エミリーは求人に応募して、雑誌社のインテリアとデザインの副編集長のポジションを手に入れ、のちに編集長になった。給与もよかっただろうが、それ以上に美しい家や新しいビルを訪ね、記事を書き、写真を監修し、いろいろな国を見て、いいホテルに泊まることに夢中になっていた。

しばらくして子どもを育てはじめると、時間、責任、優先順位のよりよいバランスをとるために彼女はフリーランスのライターになった。さらに時間的な自由ができたことと建築の知識を利用して、格安の古い家を修復し、住みはじめた。わたしがまた彼女に連絡をとったときには、フルタイムの雑誌編集者に復帰し、たくさんの記事を書いていた。エミリーはもはや自分自身を建築家ではなく、巧みな言葉の錬金術師、批評家、編集者だと考えていた。

エミリーのエピソードは、わたしたちの情熱が思いがけない形で成就することを示している。やりがいのある絶好の機会が与えられたら、それに情熱を注ぎこめるようにぬかりなく準備をしておこう。

すばらしい機会や新しい情熱は、社会に出たばかりの女性だけに訪れるわけではない。いつでもやって来るものだ。二〇代後半で、銀行勤めから子ども服事業の共同経営者になった女性を知っている。彼女はその変化と挑戦を愛していた。また、年齢不詳《ダン・セルタン・ナージュ》と呼ばれる長年の友人がいる。フランスにいたとき、彼女の夫は工作機械の商売を手広くやっていて、彼女は六人の子育てに専念していた。四〇代で夫が急死すると、彼女はＣＥＯを継ぐ決意をした。ひとつには家族を養わなくてはならなかったからだ。つまり、これは必要から生じたビジネスとの出会いといえるだろう。彼女は重役会に出て、ディナーのテーブルでビジネスの何たるかを学んだが、工作機械についてはまったく無知だった。ただし、精力的で生まれつきリーダーの資質があったし、しばしばパーティに出るような外交的な生活を送ってきた。彼女はビジネスのおもしろさに気づき、挑戦、人々、人脈、販売と利益からなる世界が気に入った。彼女の指揮のもと、会社はどんどん大きくなり、わたしが会ったうちでも、彼女はもっとも幸せでバランスのとれたビジネスリーダーになった。そして現在は息子に会社を任せ、もっとも幸福な引退したビジネスリーダーの一人になっている。ビジネスは彼女に多くのものを与えてくれ、彼女はこれまで知らなかった情熱と能力を自分のうちに見出したのだ。

「夢中にならなくてはならない」

人生にリハーサルはない。常に本番だ。したがって何を選んだとしても、夢中になれればかまわない。ジョージ・リリ・クレイクについての逸話を知ったとき、そのことがまず頭に浮かんだ。クレイクは一八六〇年代半ばに由緒ある出版社マクミランの共同経営者になった。それから四〇年間、スタッフのデスクの前を通りかかるたびに、こうたずねたという。

「仕事に夢中になっているかい?」

そして、さらに四〇年間、彼の精神と言葉と伝説は、彼を愛情とともに記憶している老齢の経営者のあいだで生き続けた。

クレイクは仕事に誠実さとエネルギーと情熱を注ぎこんだ。そして、一見、単純な質問をした。「仕事に夢中になっているかい?」それは自分の胸に問いかけてみるのにうってつけの質問だ。仕事への情熱は、月曜の朝早く起き、きちんと仕事をこなすために木曜の夜遅くまで働く力になってくれる。そして、もし仕事に夢中になれなければ、どういう答えが返ってくるだろう? 情熱が色あせたせいなのか、それとも職場環境がひどいせいなのか？　そろそろ、もっと上をめざす、あるいは仕事を変える頃合いなのか？

　わたしにとって重要な手がかりは、自分が仕事をしている業界、会社、地位に満足し、誇りに感じられるかどうかだ。わたしはシャンパンとワイン業界で働いていて居心地がよかった。手の届く贅沢品を提供してたくさんの人たちに喜びを与えた。それに誰も傷つけていないと思う。もしかしたら看護師や平和部隊に入ったほうが、よりよいことをしているという気高い気持ちになれたかもしれないが、わたしにはしっくりこないし、そういう仕事を選ぶ機会はまったくなかった。

　ただし、自分の気持ちがどこに向いているのか、現実に正しい場所にいるかどうかは把握しておくべきだ。人生のどのステージでも、人は自分が心から情熱を傾けられるものをはっきり認識しているものだ。したがって、キャリアにおいて別の選択肢を探そうとするのは、実はいささか不愉快な経験をしたせいなのだ。

　通訳者兼翻訳者は、一九歳のわたしにとってすばらしく魅力的な職業だった。そのために五年間勉強することは楽しかった。そして仕事を得た。一年ほどして、わたしはまちがった業界を選んだことを悟った。文学的傑作を訳すようには頼まれなかったのだ。わたしが仕事をしていたビジネスと政治の分野では、意味のない定型的な書類か、きわめて技術的な契約書か、科学的な書類を訳す仕事ばかりだった。わたしは英語からフランス語への翻訳をしていたが、読み手側はどんどん英語がわかるようになり、どっちみちわたしが苦労して訳した書類を読まなかった。仕事の分野は変化しなかったが、わたしの理解が変わったのだ。

情熱を客観的に眺める

あまりにも才能があるのも重荷になる——その才能をぜがひでも生かさなくてはと考えるかもしれないし、誰もがあなたを励まし、力を貸してくれ、あなたが気に入っていると思われる方向に背中を押すからだ。たくさんの女の子がアイススケートや体操やフルートに多大な時間を費やし、小さな町や地方でいちばん上手だと賞讃される。どれほどたくさんの子どもたち（それに両親）が、四年生のときの才能に舞い上がりハリウッドを夢見ることだろう？　地方でいちばんでも、他の個性や才能が犠牲になり、その才能だけで燃え尽きてしまうかもしれない。悪循環になりかねないのである。傑出した才能にのめりこめばのめりこむほど、他の分野を開発する時間がますます少なくなる。

そして結局、現実を直視する羽目になる。ハイスクールの新聞の編集をしていたからといって、〈シックスティー・ミニッツ〉（アメリカの長寿ドキュメンタリー番組）や《ニューヨーク・タイムズ》紙の記者がつとまるわけではない。

わたしが心の底でミュージシャンにあこがれていたとき、理性がときどき顔を出し、エンジニアのほうが女性にとってはよほどすばらしいキャリアだと言った。しかしいくら数学と科学の才能があっても、これまで女性がめったに活躍していない科学の分野で成功したいと熱心に思うだろうか？

当然、誰もが才能と機会と情熱のバランスをとらなくてはならない。成長分野には機会がたくさんあるが、その逆も考えられる。抵抗しがたい欲望のような情熱もあれば、よく知っているからこそ信頼できるというような情熱もある。お見合い結婚を例に考えてみよう。

親が人生のパートナーを選ぶという考え方は、いまだにある種の社交界や文化では普通のことだ。一方で、求愛と相性とセックスアピールでつきあいが始まると信じている別の社会や文化では、お見合い結婚は衝撃的だろう。当然、結婚をお膳立てする両親は、結婚がうまくいってほしいと願っている。こうした両親は経験に裏打ちされた知恵があるので、パートナーをどこで探すべきかわかっているのだろう。「結婚がうまくいく」の定義には、多くの疑問の余地のある判断基準が含まれているが、調査によれば、お見合い結婚は恋愛結婚よりもうまくいくことが多いという。祭壇で初めて出会ったパートナーでも、しばしば真実の愛と情熱をはぐくみ、生涯添い遂げている。

この話がキャリアとどう結びつくのか？　つまり、最初の愛と情熱は過大評価されるので、執着するのは賢明ではないという共通点があるのだ。仕事に対する情熱は朝起きるための原動力になるし、仕事は楽しんでするべきだ。しかし、考えてもみなかった、あるいは聞いたこともなかった分野に、まっとうな愛を抱くこともできる。仕事に夢中になるべきだが、だからといって、必ずしもずっと前から愛していた仕事である必要はない。

仕事を変えるときは正しい知識を持ち、情熱と機会のバランスをとらなくてはならない。あなたはある職業で成功する肉体や精神を与えられなかったかもしれないからだ。未来の仕事に対して個人的なＳＷＯＴ（スウォット）分析（強み「Strengths」、弱み「Weaknesses」、機会「Opportunities」、脅威「Threats」を評価する手法）をしてみるのがいちばんだ。

燃えるような情熱と才能にもかかわらず、語学の仕事に幻滅したとき、わたしは年をとったときに（三〇歳までに数年あった）何をしたいか考えなくてはならなかった。

さんざん悩み、さまざまな可能性に混乱した。はっきりした目標を持って一〇年間を過ごしてきたので、その目標を失って不安だった。何度も何度もSWOT分析をした。

するとある日、エドワードが言った。「ねえ、きみの知り合い全員が知っていることだけど、きみは食べ物、ワイン、旅行に情熱を持っているよね」

たしかに。しかし、そのときまで、こうした分野の仕事につけるとはまったく考えていなかった。みんなにとってははっきりしていた……しかし、わたし自身にとってはそうではなかったのだ。

そこでさらに内省を重ね、比較文化と健康的なライフスタイルをわたしの「好き、興味、情熱」の欄に追加した。そして、いったん自分を知ると、情熱と才能と機会のバランスをとりつつ、職業選択の道に歩みでることができた。もちろん、幻想と現実的な選択肢はよりわけなくてはならない。それでも、すべてを満たす新聞の求人広告に応募してみた。わたしはフランス語の訛りがあり、暮らし方にこだわりがあり、結局ワインと酒類の会社を選んだ。そこで必要とされるのは、しかるべき知性と、販売とマーケティングを含む専門能力だった。

のちに捨てることになるエピソードやステージで何年も過ごすよりも、ブレインストーミングをしてキャリアの選択肢を探すほうがずっと楽だ。なぜならそのままでは、まちがった分野と仕事にたどり着きかねないからだ。言うは易く行うは難しだが、人間として成長するにつれ、すなわち経験を積んで成熟すれば、自然にできるようになる。しかも、あなた自身よりもはっきりとあなたが見えている友人や師からも助力が与えられるだろう。大学の就職担当者は才能を見抜き、仕事を提案してくれるし、配偶者やパートナーや人材カウンセラーでも、あなたの情熱がどちらに向いているかを指摘できるだろう。

仕事を選ぶ段階で、食べ物、ワイン、旅行、フランス文化とアメリカ文化が、わたしをキャリアへ導いてくれた。何ができて、何をしたいかよりも、何ができなくて、何をしたくないかのほうが明確だった。そして、演繹的な方法でたくさんの仕事や分野を消去していったとき、わたしはほっとし、機会と才能と情熱のバランスを調整して、さらに仕事をしぼった。そのうち、最初は予想もしていなかったようなことが楽しくなったものだ。たとえば、《ウォール・ストリート・ジャーナル》紙を毎朝読むとか。

繰り返しておくが、自分が心地よく感じられる分野を発見すれば、そこで成長し、楽しむことができる。そして、存在すら知らなかった、あるいは好きになるとも思わなかったものを愛するようになるだろう。

うってつけの例

ヴーヴ・クリコ・ポンサルダンのアメリカ支社は、わたしが広報およびマーケティング部門のバイス・プレジデントとなり開設された。ちなみに「マーケティング」という言葉はフランスにもフランス語にも存在せず、その概念はヴーヴ・クリコの重役会議ではほとんど理解されなかった。しかしその頃には、マーケティングはわたしの専門分野となっていたので、その専門家としてすぐに採用され、世界じゅうに影響力をふるうことになった。

書類上は、社長がフランスにおける輸出担当責任者だった。感じのいい頭の切れる人物だったが、メールが登場するまでは何千マイルも離れ、時差もあり、迅速な指揮がかなわなかった。そこで、定例会議と、ファックスや電話で連絡がつきやすいフランス、オーストラリア、イタリアなどに社長がいる場合をのぞき、わたしがアメリカ事業の監督をした。

さらに経営陣のキーパーソンとして、何人もの販売担当バイス・プレジデントを採用してはクビにした。わたしは人々にヴーヴ・クリコを買う気にさせる。かたや彼らは人々が買える場所にボトルを供給するのが仕事だ。わたしはフランスでもアメリカでも、ワインではなくハードリカーの販売を手がけてきた昔気質の販売店の人たちといっしょに仕事をしてきた。そしてアメリカがワインに目覚めはじめた当時は、たくさんのハードリカーの元セールスマンと知り合った。

わたしはフランス人的アメリカ人、あるいはアメリカ人的フランス人の視野を持つフランス人で、コミュニケーションが得意だったうえにとても熱心だったので、フランスの同僚たちはわたしの判断をしだいに信頼するようになった。そして、オフィスの賃貸物件を探すことから、販売店を募ったり契約を打ちきったりすることまで、わたしの仕事はどんどん増えていった。

会社を立ち上げてすぐの時期に、三人目の販売担当バイス・プレジデントをクビにしたとき、わたしははっと閃いた。販売量も増え、評判も高まっていたが、わたし自身がその仕事の全責任を負うことができるなら、会議の席でとうてい興味を持てないアイデアに礼儀正しく耳を傾けたり、人の行動によって公に恥をかいたり、人の仕事を肩代わりしたりしなくてすむのだ。今でこそ当たり前に思えるが、当時それはわたしの考え方と自信における大きな転換点だった。そこで数年の経験を積んで用意ができたところで、わたしはフランスのボスに、アメリカ支社の社長兼ＣＥＯをやらせてほしいと申し出たのだった。

マーケティングと販売と運営と企画の責任者になるという不安を鎮めるために、わたしはすぐに一日か二日のセミナーをとり、友人に相談し、ビジネス書や雑誌を読んだ。わたしは仕事についてからずっと、自己啓発プログラムの一環として一年に二度はセミナーや会議に出席してきた。これはお勧めしたい。ただし、七つの簡単な方法によってCEOになる、というようなうさんくさいセミナーは選ばないように。

挑戦をするたびに、そして成功をおさめるたびに、わたしの仕事への情熱は高まった。わたしは社長兼CEOになってからも、契約の締結から人を雇ったり解雇したりすること、企業の合併・買収、弁護士や会計士との打ち合わせ、マーケティングキャンペーンなど、あらゆることを手がけてきた。会議は好きではなかったが、CEOとして国内外を問わず出張しなくてはならなかった。でも、そのビジネスや業界に対して情熱があれば、そうしたすべてのことは乗りきれるだろう。

わたしがビジネスキャリアを築いてきた高級なワインや酒の業界も、一流のラグジュアリーブランド産業も、ファイベータカッパ（学業優秀な学生からなる友愛会）のメンバーだらけというわけではない。だが、長年のうちに頭のいい人々と出会った。とりわけアメリカのワイナリーの経営者はそうだった。

この業界にはこんな冗談がある。「ワインビジネスで、どうやってひと財産作るんですか？」

「大きな財産を元手に始めたまえ」

それが多くの人々がやってきたことだった。鉱山や工場や銀行などで築いた財産を際限なくブドウ畑、ブドウ、設備に注ぎこんだのだ。彼らは別の分野で抜け目なく行動して成功したので、人生後期の情熱をかなえるためにワイナリーを買った。一般的に、ワインやラグジュアリーブランドの分野で出会った人々は、温かく、懐が深く、有能だった。

傲慢になるつもりはないが、わたしたちの事業の成功は、わたしのチームが競争相手よりも賢く仕事をしたから達成されたのである。別の分野だったら、これほどの成功をおさめられたかどうかは自信がない。わたしが発見したのは、才能、情熱、機会の三つの完璧な組み合わせだった。最初は発見したことに気づかなかったが、気づいたとたん、そこに腰を落ち着けることにしたのである。

3 賢明な自己利益の原則

わたしは東フランスの小さな町で、小さな事業を営む両親のもとで育ったので、企業の世界とはまったく無縁だった。町にはつぶれかけた工場があったので、のちに早期退職や解雇手当など一連の補償制度を知ったし、人々が政府の保障をいかに頼りにしているかも知った。しかし、企業戦略、経営、文化、冷酷さ、リーダー、役割モデルについての知識は？　ゼロだ。新聞やテレビからも、学校でも、わたしの人格が形成される時代には教わらなかった。わたしがそうしたことを学んだのは仕事を通じてだった。

雇い主はあなたの時間や心を買っているが所有しているわけではないことは、誰もが知っている。しかし、それは口に出されるわけではなく、ときにはあなたも雇い主もそうした認識を忘れてしまうことがある。すぐれた雇い主もいるが、そうでない人間もたくさんいて、仕事で緊急事態が起きた場合、あなたの利益が上司や会社の利益と相入れなくなる。そのときこそ、決断を下すべきだ。長年のあいだにそういう窮地に立たされたとき、わたしはこう自分に言い聞かせるようになった――**〝賢明な自己利益〟に基づいて行動せよ**。

これはわたしがしばしば利用してきた手法であり、この本のあちこちに書いていることだ。しかし、「賢明な自己利益に基づいて行動する」とはどういうことか? まず、どういうことではないのかを説明させてほしい。それは利己的にふるまうことではない。利己的な行動ではたいてい得るところはない。すぐに見破られるし、周囲から尊敬されない。

賢明な自己利益に基づいて行動するためには、「自分自身を知る」ことが必要だ。情熱、怒り、愛、嫉妬、憎悪をたぎらせた自分自身を外側から眺めることだ。もちろん、自分を悲劇のヒロインに仕立て上げていては、自分自身を知ることができない。あなたは自分の状況を冷静に判断しなくてはならない。

たとえば、会社の計画と関心を自分自身のチーム、または上司のそれと比較し、さらに自ら第三者の立場に立つ必要がある。そして、行動の選択肢を多面的な視野から

「もしこうだったら……」と検討する。それによってしばしば、あなたがいちばんしたいと思っていることは、あなたにとって最良の利益にならないとわかるだろう。自己利益の観点では、ほぼ確実にあなたのボスはすぐれて見え、あなたの行動や態度や信用のなさに対する言い訳は見つからない。これは「アップワード・マネジメント」と呼ばれるもので、ボスのニーズを理解し、それに応えることだ。わたしはこれをビジネスをするうえでの基本概念だと考えている。しかし、その教訓を覚えている人がどれだけいるだろう？　出世の階段をのぼるにつれ、もっとも重要なのは会社の業績であり、個人の業績ではないと認識するべきだ。どんな役職についていても、わたしたち全員が大きな車輪の歯車にすぎない。あなたが自分自身の会社と、あなたのいうなりになる役員会を所有していないかぎり。

転職

賢明な自己利益に基づいて行動することは、昇進や転職など、キャリアに変化が起きたときに生じる。ある意味で、賢明な自己利益はあなた自身の幸運と機会を作り、それを最大限に利用するものなのだ。最近ではめざす目標にたどり着くまで、多くの人が何度か会社や仕事を変える。一二年間に八つの仕事を転々とした若い女性と面接する機会があり、その理由を聞きだしたことがあった。彼女の説明によれば、「半年すると、どの会社でも知る必要のあることを学んでしまったから」だった。仕事に対する自信と積極性は認めるが、彼女の答えは賢明ではなかった（しかも、傲慢で未熟だと受けとられる可能性があった）。彼女は聞き手のことをまったく考えていなかったのだ。雇用側は一年間しか在職しない人間を雇って、投資する気などない。アドバイスしておこう。予想されるむずかしい質問にいい答えを用意せずに、面接に行ってはならない。

　彼女のような人間はこう自分に言い聞かせれば、賢明な自己利益に基づいて行動し、キャリアを形成できたのだ。「わたしは履歴書に汚点を残してしまった。それはわたしが同じ仕事に長くとどまりたがらないこと、あるいは自らを辞めざるをえない立場に追いこみ、元雇用者もわたしを引き留めようと思わないこと、あるいは頭が混乱して何をしたいかわかっていないことを示すものだ」と。そして、あと半年か一年、仕事を我慢して続けるなどの手が打てたはずだ。たとえ、新たな挑戦の準備ができたと思っていたり、ボスが嫌いだったり、知りたいことをすべて学んだと確信していたりしても、せめてこう自分を思いとどまらせるべきだった。「一一月か一二月には辞められないわ。あとひと月かふた月我慢して、もう一年稼ごう」そうすることで、たとえば二〇〇八年九月から二〇〇九年一一月までの一年ぐらいの勤務が、二〇一〇年二月まで延びれば、履歴書では二〇〇八年から二〇一〇年になり、多少なりとも継続して働いた印象を与えられる。

仕事や会社を一、二度変えることによって、新たな技術を身につけ、異なるビジネス文化や管理方式を経験したと主張できる。その主張は面接においても人生においてもポイントになるだろう。出世の階段をのぼっていく途中で異なるビジネス分野を経験することによって、新たな才能が開発されるからだ。現在金融業界で働いていても、たとえば少なくとも一年間マーケティングの仕事をすれば経験の幅を広げることができる。一時的に人手不足になった職場に、ひと月ぐらい応援に行ってもいいだろう。いつもできるとは限らないが、頼んでみても損はない。

あなたがもっと経験を積むことに関心を示せば、いずれ別の分野のちょっとしたプロジェクトを与えられたり、いくつかの分野にまたがるチームに加えられたりするかもしれない。実際、部門間のプロジェクトやイベント計画に加わることは、セミナーや社内ワークショップに参加するよりも実りが多い。実際の経験は何物にも代えがたいものだ。上をめざすときに、実際にさまざまなビジネス分野を経験したことは役立つだろう。わたしの場合、国内販売の経験は、クリコ社を率いるときにおおいに役立った。ただし、当時は経営幹部になるためにはマーケティングが必須だったが、現在は財務の経験が重視されている。

かつて部下に、ある販売担当責任者がいた。八年の歳月と二度の昇進ののち、とても優秀な販売担当責任者になると、彼は人事とマーケティングの会議にも出席したいと言い、やがてその分野の仕事にもかかわって統率力を発揮するようになった。彼は賢明な自己利益に基づいて行動し、マーケティングで経験を積むことを選んだのだ。そして販売、マーケティング、管理の分野で昇進する機会をつかんだ。現在、彼は大手ワイン輸入会社でマーケティング部門のバイス・プレジデントをつとめている。

キャリアを積んでいくときには、常に雇用者や上司といい関係を保たなくてはならない。それは簡単でもないし常に可能でもないが、いざというときあなたに有利に働くだろう。ある仕事につきながら転職先を探すときに、絶対安全な方法など存在しない。幸運にも上司以外の相談相手がいれば、相談するといい。あなたが昇進を見送られたり、次のポジションは上司の地位だけれどもその上司がすぐには異動しないとわかっているなら、そっと転職先を探しても良心がとがめないだろう（最近、中間管理職の女性と話した。彼女はとんでもない長時間労働をしていて、ずっとその地位にとどまっていた。どうしたらいいのだろうという相談だった。彼女は業種も仕事も気に入っていたが、さほどの昇給もなく働かされているのは、誰が悪いのか？　転職するべきか、このまま我慢するべきか？　まだ結論は出ていない）。もし昇進できずにいるなら、あなたが新しい仕事を探していることは、上司や同僚にとって意外ではないだろう。

あなたが転職先を探していて最終選考に残ったときが、しばしば危険な時期になる。上司に見つかったら？　直接耳に入ることはめったにないだろう。だが同僚が気づいて、忠誠心からボスにご注進することはありうる。上司に職探しについて言うべきか、言わざるべきか？　例外なく、言わないほうがいいだろう。それは受動的な行動だ。打ち明けることには勇気がいるし、多大な危険をともなう。ちなみに、大半の人たちが黙っているようだ。

いずれにせよ、職場を去るとはっきり心を決めたら、上司にあまりリスクを冒さずに話すことができる。上司がかぎつけないうちに打ち明けるのがいちばんいいだろう。少なくともいい関係のまま辞められるし、いつか連絡をとることも期待できる。言っておくが、関係がなくなり連絡を絶ったと思った人々が、長年のうちには何度も人生に再登場してくるものなのだ。

元の会社に愛想よく送りだしてもらえるかどうかは、去るタイミングにかかっている。重要な仕事をしていれば、上司も会社もあなたが去ることを快く思わないだろう。しかし、本当にもっといい機会のために去るなら、退職の時期が会社にとって比較的問題のないときなら——大きなプロジェクトが終わりかけているとか、あなたの仕事がほぼ完結したとか——彼らの理解と敬意を得て辞めることができるだろう。

このアドバイスは、あなたがかなりいい会社で、かなりいい管理者のもとで働いているという前提に立っている。そうでなければ、機会がありしだい辞めなさい。それもまた賢明な自己利益に基づいて行動することにほかならない。あなたが人としてきちんと扱ってもらっていないなら、円満退社や去ったあとのことは考えなくていい。ただ、先に進もう。

会社の視点から、すなわちあなたよりも何段階も上から見ると、あなたは一人の人間ではない。組織図の中の職務を示す記号でしかない。悲しいが、それが真実だ。小さな会社ですら、あなたの個人としての望みは、企業の決定にめったに投影されない。ビジネスの決定は、あくまで会社の利益のために行われるのだ。したがって再編成によってつらい目にあう人も出てくる。組織図上からあなたの記号は消去されるか、あなたの入る場所がないように変えられてしまうかもしれない。この現実を理解して自分の得になるように利用するか、ただ苦々しく感じてうんざりするかだ。

わたしは数々の戦略的再編成をくぐり抜けてきた。あるとき、実際に会うこともせずに、わたしたちが買収した会社から、販売部隊全体を切り捨てなくてはならなくなった。ようするに、彼らは紙切れの上の記号にすぎなかったのだ。だが、わたしは彼らのマネジャーに会ったし、会社は彼らにしかるべき補償をした。こうした状況では、法的、個人的、実際的な自由は制限されているが、その後もわたしはその販売マネジャーと友好的な関係を保ち続けた。現在、彼は大手酒販会社の社長になっている。相手をプロとしてきちんと扱うことは大切なルールだと、覚えておいてほしい。彼らがいつまた自分の人生に思いがけず戻ってくるか、わからないからだ。

すなわち、全員をプロとして扱うことは、賢明な自己利益に基づいた行動である。あなたは会社を代表し、仕事を効率的にこなすために給与をもらっているのだ。わたしはもてなすことや、ともに働いた人々すべてを好きなわけではなかったが、その気持ちに気づいた人はほとんどいないのではないかと思う。彼らのアイデアについてどう考えているかは、はっきりと伝えた。だが、彼らの人間性については別の問題だ。そして自分自身が組織図上で役割を果たしているところを見たいなら、個人的な感情はさておいて、賢明な自己利益に基づいて行動するようにしてほしい。

「ノー」と言うことを学ぶ

新しい仕事のオファーや昇進ほど、「ノー」と言うことを学ぶのに絶好の機会はない。わたしのキャリアにおけるもっとも大きな決断は、昇進を断ったことだ。それも二度。フランスに戻って、ＣＥＯとしてヴーヴ・クリコのグローバル経営の指揮をとるように頼まれたときだ。わたしはさんざん考えた。よくある賛否のリストも作ってみた。結局、それはわたしの興味や才能にふさわしいポジションではないという結論に達した。その仕事をこなせることはわかっていたが、なによりもフランスのランスでずっと過ごしている自分自身の姿が思い描けなかった。ニューヨークやパリのほうが好きだったから、それは自己利益に基づいた決定だった。労働組合と交渉することにも（尊敬はしているが）、ブドウを栽培している農場主たちをもてなすことにも、ほとんど関心がなかった。なによりやっかいなのは、フランス式の労使関係に責任を負うことだった。どれも大切で必要なものだったが、わたしには関心のない仕事で、能力をもとも発揮できる分野でもなかった。数年後、また同じ話が再浮上したときは、時間や精神的エネルギーをむだにせず、すぐに丁重に断ることができた。

あなたが仕事をうまくこなしているなら、キャリアのどこかで、こちらから求めていない仕事を提案されるだろう。そのうちのいくつかはかなり心をそそられるかもしれない。隣の芝生はいつも青く見えるものだ。そのときこそ、「ノー」といえる能力が必要になる。

かつて、飲料を扱う大手多国籍企業を経営しないかという誘惑的な提案をされ、どんどん報酬を釣りあげられたことがある。だが、わたしは断った。その仕事もまたニューヨークを離れることを意味したし、そのブランドが大好きでもなかったからだ。それに、実際にはきつくて、あまり華やかではない仕事が待っていることも承知していた。幸せな自分の姿が想像できなかった。だから断ったのだ。その飲料メーカーの発展ぶりから考えると、わたしは経済的にはまずい決断を下したようだった。世の中はそんなものだ。だが振り返ってみれば、最終的には万事うまくいったし、あのとき「ノー」という言葉を使ってよかった。後悔はまったくない。

「ノー」と言うのは、仕事の機会だけに限らない。わたしは子どもを持つことに対して「ノー」と言った。転勤に「ノー」と言った。多くのライフスタイルの誘惑や仕事に「ノー」と言った。ただし「ノー」と言って断った未知のもののことで後悔するのは意味がない。「もし……だったら」と考えるのは人間の性《さが》だが、時間の有効な使い方ではない。人生は短いのだから、過去を嘆く暇などないのだ。それにしばらくすると、あんなに悩んだ過去の詳細を思い出すことすらできなくなる。本当だ。先に進もう。誰もが過去にまちがいをしたと考えているが、生きることは、今この瞬間を生きることであり、未来を生きることなのだ。前を見よう。

わたしたちが発動できる拒否権でもっとも重要なのは、時間を求められることに対してだ。この格言はご存じだろう。「何かをしてほしかったら、忙しい人に頼みなさい」。これはたしかに一理あるが、何にでも「イエス」と答えていると体を壊しかねない。健康的なバランスを保てないなら、ビジネスでもプライベートでも有能にふるまえなくなるだろう。

しかし、ビジネスの現場では理想と現実がぶつかりあうものだ。したがって、仕事につき、キャリアを築きはじめたばかりの頃は、したくない多くのことを引き受けざるをえないかもしれない。なぜなら「ノー」と言うことで、昇進の見込みがなくなるかもしれないからだ。そうした時期には、プライベート、バランス、仕事の保証など、キャリアを築くときの相反する選択肢について優先順位をつけなくてはならないだろう。そのときはちょっと立ち止まって、賢明な自己利益に基づいて行動しよう。それが常にバランスのとれた行動なのだ。

わたしたちは一年、三六五日、週七日、一日二四時間、ビジネスの世界にいる。そして、常に「オン」であることを求められる。とりわけ出世の階段をのぼっているときには。ひとつ忘れてはならないのは、通りを歩いたり、飛行機に搭乗したりするときに、必ず「きちんと」した姿でいることだ。あなたや会社にとって重要な相手に会うかもしれないし、そういう人たちはあなたにベストな状態を期待するからだ。わたしは「ノー」と言うのが得意ではなく、この六、七年はあまりにも多くの要求が突きつけられてきた。すべての場所にいるわけにはいかないし、すべてをこなすことはできない。一歩さがって、いくつかのことをあきらめ、生活を守るためにルールを定めなくてはならなかった。大げさに聞こえるかもしれないが、たんに正気に戻るだけのことだ。戦略的に「ノー」と言うことを早いうちに学ぼう。それは役に立つし、しばしばそれによって周囲の尊敬を獲得できるだろう。

自分にふさわしい相手を選ぶ

キャリアにおけるもっとも大切な決断は、自分にふさわしい会社で働くことだ。大企業を選ぶか小さな会社にするか、ひとつの分野にしぼるかしぼらないか、新興企業とともに大きくなっていくか、すでに定評のある企業にするか、そうしたことを決めるだけではない。手元にある機会と、三年後ぐらいに自分がつかみたい機会に対して、賛否のリストを作っていくのである。

キャリアの前半のあいだに、あなたにとってもっとも付加価値の高い会社を選ぶことが賢明だ。できるなら、無名の会社は避けたほうがいい。むずかしいことだが真実だ。ただし、有名といってもいろいろな会社があるから、将来的に意味があるところを選ぶのが大切だ。たとえばこの本の英語版はサイモン&シュスターから出ている。多くの分野で、その名前は何の意味もない。しかしあなたが出版業界にいるなら、その名前は大きな意味を持つ。ジョエル・ロブションやジャン＝ジョルジュ・ヴォンヘリクテンという名前を聞いたことがあるだろうか？　食べ物や一流レストランに興味がなければ、たぶん聞いたことがないだろう。彼らは世界でもっとも偉大なシェフに数えられ、それぞれ国際的な高級レストラン帝国を築いている。あなたが若いシェフで、彼らの調理場のひとつで働いているなら、将来へと通じる名前のために働いているわけだ。

ときにはどんな仕事にでもつかざるをえないことは認める――人生にはそういうときがあるものだ――しかし、雇用履歴は効果的に作ることができるし、そう努力するべきなのだ。

人生で数えきれない履歴書を読んできた人間として、応募者を振り落とすのに、ふたつの点をまず見るようにしている。応募者がこれまでに勤務した会社と、通った学校だ。そのふたつの事実は永遠にあなたについて回るもので、多くのことを語ってくれる。

添え書き？　週末に紙袋いっぱいの履歴書を家に持ち帰って、一〇人のもっとも能力のありそうな応募者をすばやくしぼりこんでいたとき、添え書きはたいてい読まなかった。ちらっと見れば十分だった。さらに、その当時は話せなかったことを打ち明けよう。履歴書には応募者の年齢が記されている。そしてこちらはたいていの場合、提供する仕事によって想定する年齢を決めているのだ。上司の年齢がその決定に影響を与えることもあるし、採用する部下に求められる仕事が、若くてこれからの人間にふさわしいもののときもある。もちろん、少々の人生経験が必要な仕事もたくさんある。そうしたことは明言されていないが重要である。

最初の選別では何百もの添え書きの束をちらっと眺めるだけだが、しぼりこんだ人々のうち、誰を最初に面接しようか決めるときには、じっくりと読む。そのときこそ、あなたの人となりを表し、高潔さがにじみ、なによりも会社へ貢献してもらえるだろうと思わせるような洞察に富む上手な添え書きが、きわめて重要になってくるのだ。

人生の事実――世界じゅうの有名大学はそのブランドのおかげで競争力がある。少なくとも面接の最初の段階では。そうしたブランド力は仕事、卒業後の計画、人脈へのドアを開けてくれる。もしあなたにそのブランド力があるならすばらしい。しかし、それは最終学位が評価されるだけだ。かたや履歴書で輝いて見えるような会社で働くことは、重要な目標である。

業界で定評のある会社で働いたことは、あなたについて多くのことを語っている。すでに多くのテストを通過し、多くのハードルを乗り越えたこと。さらに、元の雇い主の経費で、かなりの量の訓練を受けたこと。すぐれた企業は、すぐれた人材育成プログラムを必ず用意しているものだ。

さて、あなたがエリート校にも行かず、ブランド力のある会社でも働いていないとしよう。お手上げ？　まさか。すべては相対的なものだ。それに、アメリカにいるすべての人たちがニューヨークやシカゴやロスに住み、副社長やCEOになりたがっているわけではない。もちろん、さらに教育を積み上げ、競争に勝てるように職歴を改善することはできる。それはあなたの賢明な自己利益になる。

付加価値を与えてくれる地元の会社なら、いくつもある。あるいは、あなたの勤める会計事務所がビジネス業界で高く評価されているのであれば、わたしがまったく知らなくても、あなたの履歴書にインパクトを与えるだろう。大学についても同じことが言える。わたしの知らない大学でも、履歴書で目立つような傑出した会計の講座を設けている大学はひとつやふたつどころか、一〇はあるだろう。実際、就職希望の会社であなたを雇おうとしている人間は、そこの出身かもしれない。

そうしたプログラムで修士号をとったり、博士課程を修めたりして、資格を増やしてもいいだろう。さらに教育を受けることは、自分を改革することの一部であり、活躍の舞台や仕事における責任を変化させることになるだろう。不況のときには、たくさんの人々が自己改革のために、さらに教育を受けようとする。それは効果的だ。それに、教育というのは高度な訓練や専門的研究だけではなく、たとえば哲学、芸術、文化研究などより広い自由な教育も意味する。それによってビジネスにおいても人生においても、たんに機械的に答えを返すのではなく、含蓄のあることが言えるようになるだろう。

大企業ですぐれた人々と働けば、あなたはいろいろ学び成長するだろう。わたしの会社は人材を育成する場になり、ワイン業界ではイメージ的にも業績的にも、リーダー的存在になっている。したがってきちんと社員を教育する。だがやがて、昇進が思うようにいかなかったり、ヘッドハンターがやって来て断れないほどの高給を提示したりして、多くは去っていった。わたしに対する個人的な理由のせいだとは思っていないが、残った人間は、わたしたちが彼らを強く求めているから残ったのだと思う。そのことはありがたいことだ。

わたしのために働いてくれた人のうち、たくさんの人々が現在は社長をはじめ重要な地位にあることに、今初めて気づいた。うれしいことだ。履歴書に誇らしく書けるような会社で働くことが大切だという、なによりの証拠だと思う。それはあなたの賢明な自己利益になる。もう一度繰り返すが、有名企業で働いたり、有名大学に行くことがよりすばらしく、より充実した経験をもたらすと言っているのではない。ただしキャリアで前進していくなら、ある名前には扉を開く力があることを認識しておく必要がある。重要なのは、どの名前がどの扉を開けるかを見極めることだ。そして、どの扉が、あなたにとって最高の場所に導いてくれるかを知ることなのだ。

正しいポジションを選ぶ

あなたは夢のポジションについてはわかっているかもしれないが、そこに至る道はいろいろあるし、行き止まりもある。雑誌や本の編集者になりたいなら、有名大学の教育を受けたのちに出版社で事務の仕事か編集助手から始めるというのが、よく知られた道だ。しかし編集長になるためには、言葉だけではなく数字についても精通する必要がある。上へ行けば行くほど――部長から取締役へ、さらに副社長へ――より多くの利益と総収入をあげるといったたぐいのことが、昇進の要素になってくる。

単純なアドバイスをしておこう。あなたがいるポジションが、どこに向かっていくかを把握しておくこと。それは永遠の場所ではなく、あなたが望むなら足がかりでしかない。したがって「正しいポジション」は必ずしも今、居心地がいいとは限らないが、明日あなたに用意される可能性があるものなのだ。

最近は以前よりも医師や弁護士になる女性が増えてきた。最初に記したように、かつてなら女性は看護師や教師になっただろう。しかし企業では、PR、人事、コミュニケーションなどのスタッフ部門よりも、サービス部門で働く女性のほうが二、三倍多い。そこではアシスタントから始まって部長が終点で、CEOやCOO（最高執行責任者）を育てる土壌はない。もしあなたが自分はたたきあげの副社長よりも上に立つ人間だと思うなら、損益の責任と結びつく仕事を経験し、上層部に直接のつながりを作っておくのが賢明である。それがビジネスライフの現実だ。

アンコールのステージ

すべてのものには旬がある。長年会社に勤めてきたあとで、わたしは自分だけの庭を耕したいと思った。これまでずっと魅力的なビジネスライフを送ってきたといえるし、ほぼ一〇年前には早期引退の日時を予想していた。そしてうれしいことに、予定よりもわずか半年長く勤めただけで、それをかなえることができた。多くのことを学び、多くのことを知った。ビジネスの内容にあわせ、さまざまなビジネスリーダーがいることも。わたしは気質的にも能力的にも、ブランドを創ることが向いていた。わたしたちの旗艦ブランド、ヴーヴ・クリコは、アメリカ市場で一％から二五％以上を占めるまでに成長した。もはやこれ以上売るシャンパンはなく、クリコ社の他の一〇ほどのワインブランドも、爆発的とまでは言えないがそこそこ売れていた。新しい扉を開けて、新たなステージにわたしを招き入れたものは、わたし自らの行動だった。仕事をしていれば常に時間があるわけではないし、機会もないだろう。しかし、何もしなければ何も生まれない。そこで、わたしは二冊の本を書いたのである。

長年にわたって雑誌記事や無数の報告書は書いてきた。そして経験を重ね、知恵をつけた。しかし処女作を出版したがる会社があるだろうか？　わたしには多少の管理能力とマーケティング・スキルがあったので、どうにか出版にこぎつけ、予想もしていなかったほどの成功をおさめた。

最初の本『フランス女性は太らない』はアメリカをはじめ世界じゅうでベストセラー

となり、ちょっとした文化現象を巻き起こした。そのことはわたしとヴーヴ・クリコのシャンパンに大いに寄与した。急に誰もが、わたしと話をしたがり、新しい機会を提供しようとした。わたしはＣＥＯとして、いわばアンコールのキャリアを続けていたが、人生における新しいステージが訪れたと考えた。もはやビジネス用名刺にこれ以上の肩書きはつけたくなかったが、職業をたずねられたら、「文筆業」と答えている。そうすることの正当性を納得できるまでには、しばらく時間がかかったが、三冊の本と一〇〇本の記事があれば、その資格があるだろう。教訓。一〇年前には、こういうキャリアもステージも予想していなかった。二〇代、三〇代では、それは長期のレーダースクリーンをよぎりもしなかった。わたしは賢明な自己利益に基づいて行動したのか？　もちろん。光を見つけたとたんに。

4

ビロードの手袋、言葉、握手について

パワーポイントなしのビジネスを想像できるだろうか？　ＣＥＯを辞めて、二度とパワーポイントのプレゼンテーションを見なくてすむのはうれしいが、使い方しだいではパワーポイントは強力なコミュニケーション・ツールになりうる。しかし、たいていの場合、下手な使われ方をしている。パワーポイントを利用して説明しようとする人々の姿は、しばしば滑稽だ。情報満載のスライドを詰めこみ、聴衆のことは忘れてしまって、言いたいことを伝えそこなってしまう。そして、重要なルールを破るのだ。すなわち、「簡潔にすること」。

遅かれ早かれ、ほとんどのビジネスマンとビジネスウーマンには、大きなプレゼンテーションをする初めての機会がめぐってくるだろう。

ここでジャックとジルの例を挙げよう。二〇〇〇年当時、ジルはコミュニケーションとマーケティングのマネジャーをつとめていて、国内販売会議で、ハロウィーンの特別イベントにからめてPRと販売促進についてプレゼンをすることになった。

わたしたちは社内で互いに意見を交換しながらパワーポイントのスライドを作成した。わたしは常にすべてのスライドを事前に見ておくことにしている。当日に驚かされたり恥をかくのは避けたかったたし、年に一度の販売会議で時間を浪費したくなかったからだ。チェックしたあと、スライドにメモをつけて送るか、プレゼンターと会った。こんな感じのメモをつけた。「三語でそれを伝えられる?」「忘れないで、スライドは補助で、あなたの代わりではないのよ」「まず言葉で強調して、それをスライドで繰り返して」一枚のスライドにあまりにもたくさんの内容があることに気づくと、二、三枚にわけることを提案した。それでもいつもスライドが多すぎるので、伝えたい重要なアイデアを再確認させ、本筋ではない情報のスライドをはずすように指導している。強制はしないが、いつもこうたずねる。「ここにわかりやすい図を入れたらどう?」「ビデオで活気がでないかしら?」わかりやすい図が入っていれば、人々は資料を見なくてすむのだ。それからいつもこんなアドバイスを与える。「二日前に、最終版のスライドを使って誰かの前で声を出してリハーサルすること」

それは指導でもあり、わたしの賢明な自己利益とも呼べるだろう。というのも、ジルがすばらしいプレゼンをすれば、わたしたち二人ともが賞賛されるからだ。そして、彼女は見事にやってのけた。プレゼンがあまりにもすばらしかったので、次のフランスでのコミュニケーションとマーケティングのグローバル会議で、ジルに講演をするように頼んだほどだ。

ジャックもグローバル会議でプレゼンをした。彼はフランスのジルに相当するポジションにあり、同じように二〇代後半から三〇代前半で、ほとんどが彼よりも地位が上の五〇人ほどを相手に重要なプレゼンをした。

残念ながら、ジャックのプレゼンはひどい出来だった。一見まあまあには見えた。フランスではマネジャーは実務に通じていないので、スライド講演の準備にあたって映写会社にスライド用のテキストを渡す。もちろん映写会社はジャックの講演を編集することは頼まれていないので、ただスライドを出し入れするだけ……結局、ろくでもないスライドが次々に写しだされた。ジャックは要点をまとめた文章をただ読み上げ、スライドは理解の助けにもならず単調だった。大きな問題はなかったものの、結局誰も満足しなかった。結果？　全員がジルをきわめて有能と評価し、ジャックは経験不足で能力が足りないとみなされた。もっとも、わたしが見たところ、ジャックには能力があった。ただ訓練を受けておらず、準備が不充分だっただけだ。数年後、ジルは部門のトップになり、ジャックは別の会社で働いていた。

ビジネスでは、コミュニケーション・スキルがキャリアを成功させるために重要だ。知性や知識や経験以上に。そうしたものは仕事を手に入れるのに役立つが、コミュニケーション・スキルは昇進するのに役立つ。本当だ。リーダーシップも大切だが、リーダーになるために必要なのは、コミュニケーション・スキルなのだ。かつて学士号は出世の階段をのぼるときのエントリーカードだった。今でもそうかもしれないが、さらに上の学位がアメリカの企業では期待されるようになっている。MBAか重要な専門分野の修士号を持っていれば、経理や戦略的分析は得意だろうし、そうした学問的素養のない人間よりもきちんとしたプレゼンをするだろう。

しかし、これまで何人ものMBA所持者を雇ったが（わたし自身は持っていない）、名門ビジネススクールを出てきても彼らは無知だった。企業のモットーには真実が含まれている。「学校でいい成績をおさめなさい。そうしたら、仕事についた最初の年に、何を学ぶべきか教えてあげよう」たしかに、わたしは仕事を通じて学んだ。

ビジネスにおいて、その人をきわだたせる資質は、言わんとすることをはっきりと効果的にさまざまな形で、さまざまな聞き手に伝えるために、言葉でコミュニケーションできる能力、的確な文章を書ける能力、そして視覚的に伝える能力である（図でも、写真でも）。優秀なビジネスマンやビジネスウーマンは、言語と非言語のコミュニケーションをさまざまな形で組み合わせる能力を備えている。技量があるうえに弁舌巧みとくれば、怖いものなしだ。

「こんにちは」の大切さ

コミュニケーションはプレゼンテーションよりも重要である。コミュニケーションは一日じゅう常に、別の人間と接触するたびにやっていることだ。まず最初に、あなたの握手はどんなふうだろう？　よく固く握手をするようにといわれる。男性のビジネス社会にいる小柄な女性として、わたしは「ビロードの手袋をはめた鉄の手」を練習し、力をこめて、ぎゅっと握りしめるように握手をした。そのことで驚く相手もいた。一目置かせるのに役立った。それから、常に相手の目をまっすぐ見た。それはわたしが伝えたいメッセージだった、とりわけキャリアの初期では。

ご存じのように、握手の起源は友情を示すためである。武器を持っていないことを示したのだ。気持ちのいい挨拶は活気のある雰囲気や、会話の糸口になる。社交における平衡装置でもある。じっと相手の目を見つめて微笑むことの効果は大きい。そうしないことの結果は、同じぐらいゆゆしきものだ。

かつて、毎朝オフィスの中を紙コップのコーヒーとブリーフケースを手に、左右どちらも見ず、おはようともいわず、にこりともせずに通過していく上司がいた。おそらく一時間ぐらいしたら、自分の部屋から出てきて礼儀正しくふるまうのだろう。彼はすぐれた専門家で、あきらかに夜型で朝型人間ではなかった。だからといって、そういうふるまいをしてもいい理由にはならない。なぜなら権力のある人間の行動は、組織の雰囲気になんらかの影響をおよぼすからだ。彼の朝の態度は、部下の忠誠や生産性を高めるものではなかった。

フランス語でもっとも重要な言葉は「ボンジュール」――こんにちは――だ。言語的には、「よい（ボン）」「日を（ジュール）」である。いっしょに仕事をしている人たちに感じよく「こんにちは」と笑顔で言うことが、そんなにむずかしいことだろうか？挨拶はフランス文化と礼儀の一部になっているので、どんな店に入って行っても、まず「ボンジュール」と口にしないことなど考えられない。それは無礼とみなされるだけではなく、もっと丁重に扱われるチャンスを失うことにつながるだろう。

もう一度繰り返しておこう。相手の目を見る。そして、相手の名前を覚える。それには少し努力が必要だが、名前で話しかければ雰囲気はがらりと変わる。「おはようございます、ジム」と名前を加えるだけで、ただの「おはようございます」よりもずっといい。「ジムのアイデアはいいね」という言葉は「そのアイデアはいいね」よりもポイントを稼ぐ。自分が言われる側だと想像してみてほしい。そういう人々に好意を抱くでしょう?

■「ありがとう」の力

「ありがとう」はもうひとつの強力なコミュニケーションの言葉であり道具だ。人は誰しも感謝されるのが好きだ。いい仕事というのは、きちんとこなされた仕事のことで、すべての仕事が偉大である必要はない。ビジネスで頭角を現したかったら、礼状を書こう。人はあなたを覚えてくれるだろう。手軽なメールのことではない。もちろんメールでも送らないよりはましだし、多くの場合にはそれで充分だろう。しかし、手書きの礼状や祝福の手紙をもらったことを想像してみよう。それはもはや失われた手段なのだろうか? あまりにも忙しくて、感謝や賞賛を示す時間もないのだろうか? ビジネスでもプライベートでも、強い印象を与えた人々と知りあう努力ができないほど、毎日はあわただしいのだろうか?

ただし、わたしは受け手のことを考えて、ふさわしいメッセージの送り方をしている。「サンクス。またいずれ《CUスーン》」という短いメールに対して、だいたい一九四六年以前に生まれた人間は、唐突でぶっきらぼうでぶしつけだと感じるだろう。コミュニケーション・ギャップを考慮して溝を埋める努力をすることも、仕事での挑戦である。

　個人的な礼状を書くことは、わたし個人にとっても仕事にとってもとても役に立った。だから、あなたにもおそらく役に立つだろう。手紙はどんどん少なくなっているので、目立つからだ。わたしは一年に何十通もの手紙を書いていて、その努力は報われている。わたしがとったもっとも大きな契約のいくつかは、相手の成功について新聞などで読み、いきなり送った祝福の手紙から生じたものだ。もちろん、手紙にシャンパンを添えたのも効果的だった。お返しに特別なことなど期待していなかったが、何年もたってから多くの契約になって実を結んだ。

　一〇年ほど前の一月初めの朝、若い営業マネジャーのオフィスを通りかかると、彼はグリーティングカードを書いているところだった。わたしを見ると顔を上げ、小さな山から一枚とって誇らしげに見せた。そのカードにはこう書かれていた。「ご支援に感謝します。慎んでお礼を申し上げます」そして読みにくい走り書きで、自分の名前をサインしていた。セールスで見事な成績をあげ、クライアントにも信頼されている頭のいい青年が、同じ紋切り型のメッセージを大切な得意先に送ろうとしている。

これは見逃してはおけない。少しおしゃべりをしてから、わたしは切りだした。

「ロジャー、こういうカードをもらったらどういう気持ちになる？」

彼はカードを見ると言った。「ああ、あとで〇〇様と書くつもりでした」

「たしかに、それもあるわ。でも、あなたのメッセージは？」

この利口な青年は理解しはじめた。「どうやって個人的なものにできるかしら？あなたの得意先はとても個性的で、あなたは定期的に彼らに会っているから、メッセージに書くようなことを何かしら知っているでしょ」

「わかりました」彼は言った。

そこで、コネチカットの大きなレストランのオーナーシェフ夫妻が、数日の休暇をとってリゾートに行くことを知っているかと、わたしはたずねた。彼は知っていた。

「それだったら、ご夫妻の部屋にお花かシャンパンを個人的な手紙をつけて届けさせたらどう？　ご夫妻はうちのお得意先のレストラン経営者なんだから」

彼は満面の笑みを浮かべ、新しいカードをとると、手紙を「個人的」なものにしはじめた。

数カ月後、わたしがそのレストランに行くと、シェフが調理場から出てきて、わたしと招待客たちに、すばらしいスタッフがいて誇りに思うべきだ、どこのワインや食品会社も、あんなふうに心のこもった手紙をつけて自分と妻にタイミングのいい贈り物をしてくれたことはない、と言った。店のマネジャーをしている妻は、すでに心からのお礼とともにわたしたちを出迎えていた。何回ぐらい彼らはそのできごとを思い出して人に語るだろう？　彼らとわが社との関係はどれほど強力になっただろう？　販売は二倍になり、イメージは上がった。翌日オフィスに出ると、ロジャーに、この夫妻への彼の心遣いの成果を教えてあげた。いまや彼は生涯の友を得たのだと。彼はまた、にっこりした。オプラ・ウィンフリーがいうように、「誰でもほめられたいと思っているのだ」。

一度も会ったことのないボルティモアのあるジャーナリストが、わたしの食べ物と人生に対するアプローチについて好意的な小さな記事を書いてくれ、友人がそれを転送してくれた。そこで、お礼の言葉とともに献辞を書き、『フランス女性の12か月』を彼女に進呈した。ひと月もしないうちに、そのジャーナリストがコラムの半分を使って、わたしの個人的な手紙と本についてとりあげ、公にお礼を言い、わたしの二冊の本を含む仕事を賞賛しているのを見て驚かされた。それによってあらためて、ＰＲについて考えさせられたものだ。

仕事でもプライベートでも、わたしは毎年多くの人たちに贈り物をしている。しかし、きちんとしたお礼がほとんど返ってこないことには啞然とさせられる。電話もメールも手紙も一切ないのだ。ときには次に会ったときに、お礼を言われることがある。しかし、ごく少数だ。かたや、わが家の郵便配達人は、つつましい休暇の贈り物に対して、いつも手書きの礼状を送ってくる。手紙を書く人々は目立ち、記憶に刻まれる。わたしのところで働く人々は全員が、常にありがとう、ありがとう、ありがとう、と伝えるように教育されている。

言語

コミュニケーション・スキルはキャリアを成功させるための要《かなめ》だと、申し上げた。誰もが自分のコミュニケーションの強みを知り、それを活用しなくてはならない。もしかしたらそれは、見事なメモ、あるいはユーモラスで端的なメールを書く能力かもしれない。複雑な財政的問題を単純明快にする能力かもしれないし、プレゼンテーションをする、または楽しいランチ相手になる能力かもしれない。自分自身を知ろう。その能力がどういうものであれ、強みを認識し、活用する必要がある。

わたしの場合、最大の強みは母国語のフランス語を話せることだった（それは学べるビジネス・スキルではないことは承知しているが、多くのコミュニケーション・スキルは開発できる）。わたしの仕事が開花したのは、わたしが英語もフランス語も流暢に話せる（正統的なフランス訛りで）、ニューヨークに住む見苦しくないフランス女性だったせいだ。パリに住んでいたら目立たなかっただろう。あらゆる物事には関連性がある。ちゃんとした教育を受け、大西洋の両側でビジネスも社交も経験があり、食べ物とワインと旅行に情熱があったことが役立ったのだ。しかし正直なところ、英語とフランス語とさらに他の言語で、言葉でも文章でもコミュニケーションをとれる能力が、わたしを目立つ存在にしてくれた。

中国系アメリカ人の友人が、キャリアについてアドバイスをしてほしいといって、ゴージャスなお嬢さんをわたしのところに寄越した。彼女の興味とスキルを聞き、この中国生まれの両親を持つアメリカ生まれで教育のある娘が、履歴書で中国語を話せることに触れていないのにはびっくりさせられた。ただし、大学の交換留学プログラムで得たフランス語の能力と経験については誇らしげに述べていた。現代のグローバル経済において、中国語と英語でコミュニケーションをとれることは財産だ。さらに中国語、英語、フランス語ならどうだろう？　さまざまなビジネス分野から引く手あまただろう。おまけに美貌、プロらしい物腰、いい教育が加われば、フランス語でいえば、エ・ヴォワラ——見てのとおり、である。現在、彼女は企業の顧問弁護士として成功している。

誰もがフランス人や中国人として生まれるわけではないが、フランス語や中国語やスペイン語やアラビア語を勉強することはできる。言語を学び、文化を学び、旅を通してビジネスのエチケットを学べる。意外にも、このデジタル化された時代において、言語と文化はグローバル経済でますます重要になってきている。実際、中国、中東、東ヨーロッパという新興国出身の専門家たちは、全員が少なくとも二言語を流暢に話すことができる——母国語と英語だ。そしていつかあなたがそういう国に行くことがあれば、わたしがアメリカでそうだったように、母国語と英語を自在に操れることは傑出した特徴になるはずだ。ただし、他の言語とコミュニケーション・スキルがしっかりしているという前提は忘れてはならない。

会話の穏やかな技術

いい会話がもたらすものは非常に貴重だが、会話能力はビジネス・スキルとしては過小評価されて未開発の分野である。この能力は、巧みな交渉をしたり、損益計算書の見方を知っていたりすることに劣らず大切なスキルだ。女性はたいていその能力がずば抜けているが、めったに才能を活用していないように思える。気のきいた話をするようにして、その中でわたしを使いすぎないように気をつけ、ユーモアをまぶす。自分のことではなく、聞き手のことを考えるようにする。おもしろい話は聞き手の関心をとらえ、楽しく記憶に残るだろう。わたしのスタッフの教育は、常に話術の練習になった。誰かにお説教を始めると、彼らの目は泳ぎだし、頭は別のことを考えはじめる――「ぼくが何か悪いことをしたのか?……この人はガミガミ屋だ……あとどのぐらいこの退屈な話が続くんだ?」彼らが重要性を認識し、忘れないように、わたしは自分の意図を伝えたいだけだ。こちらの趣旨を理解させるためには、語り方を学ばなくてはならない。

会話が上手であることのすばらしいメリット――わたしはゴルフコースでビジネスをするという男性社会において大きな成功をおさめた。ゴルフコースは、女性がめったに招かれることのない男性の砦だ。簡単に言うと、一対一、あるいは小さなグループの関係を深めるためのものだ。というのも、ビジネスは人と人がするもので、人はよく知っていて好意を持つ相手からしか物を買わないからだ。ゴルフはオフィスと会議室から抜けだして、新鮮な空気を吸い、運動をしようという目論見なのだ。ただし、楽しい会話をして笑いあうことが狙いで、直接的にも間接的にもビジネスに関係することは話題にされない。トップセールスマンや仕事を開拓するタイプの人間が、ゴルフコースで仕事をしているのは不思議ではない。ただしゴルフのスコアは問題ではない。一九番目のホール――ゴルフのあとの一杯――が重要なのだ。

男性に負けじと、ゴルフコースで勝とうとする女性たちもいる。でも、あなたがそうでないならどうするだろう？　ホテルのバーでくつろいで、会話を盛り上げるようなタイプでもなければ？　会話をするために自分なりの機会を創りだすしかない。

わたしの場合、それはランチやディナーでもてなすことだった。誰もが自宅でパーティを開くわけではないが、わたしはしばしばスタッフやクライアントのために社交の場を設けた。気のきいた会話をして、良好な関係を築くには、あなた独自のもてなしの場を設定し、決まりきった仲間だけを招かないように心がけよう。会社が費用を負担しているのでなければ、競争相手と知り合いになっても悪くないし、あなたのビジネスとは関係のない友人の友人が、意外に近い存在だったとわかることが往々にしてある。ネットワーク作りのＡＢＣのように聞こえるかもしれないが、ようするに、あなたの得意な会話のスキルが発揮できるような場面に自分を置くように、ということなのだ。わたしの経験では、一〇余りのよく練られた個人的なエピソードといくつかのジョークがあれば、おおいに威力を発揮するはずだ。

あるエピソードを紹介しよう。数年前、オンラインの《ニューヨーク・タイムズ》のQ&A担当の編集者から、たくさんの読者が質問を寄せてきているといわれた。あるおもしろい青年は、どうやってフランス女性のハートを射止めたらいいのか、アドバイスをしてほしいと言ってきた。わたしはこう答えた。「まずフランス女性を見つけることから始めないといけませんね。手始めにフランスに行くのがいいでしょう。たくさんの独身フランス女性がいますし、食べ物も悪くないですから」

ネットワーク作りは受動的な活動ではない。会いたい人のところにこちらから足を運ばなくてはならないし、それには計画と行動と惰性を克服することが求められる。もちろん、すでにビジネス・ブレックファスト、業界カンファレンス、カクテルパーティ、商業イベントのことは知っていると思う。ランチをするのもいい。ネットワーク作りに励んでいるのだから、たくさんの名刺を持ち帰るのもいい。誰に会いたいだろう？　女性のビジネスリーダー？　女性対象のビジネス会議に行くか、少なくとも女性のビジネスリーダーに会いにいこう。

ネットワーク作りは一度きりではないから、少なくとも月に一度か、四半期に一度は、定期的にどこかに足を運ぼう。参加したのなら話すこと。質問をする。会話のスキルを利用する。アイコンタクトを使い、微笑み、向こうに行けという態度をとらない相手には誰にでも、あまり押しつけがましくない程度に自己紹介をする。グループに加わり、こう切りだす。「こんにちは、わたしは○○と申します」

たいていの人は、ネットワーク作りのルールを尊重している。誰かを誰かに紹介できるなら、そうしよう。違和感を覚える相手やグループを選んでしまったら、しばらくたったあとで座をはずし、またやり直せばいい。退屈な人間とか、人を食い物にするとか思われないように、優雅にふるまい、気配りを忘れないように。

ビッグな女性に会うにはどうしたらいいか？　彼女は人に囲まれることに慣れているから、さっさと近づいていこう。そして会話の糸口になるような知的なことを言って、答えを求める。「あなたがおっしゃったＡ、Ｂ、Ｃについて考えていたんですが、わたしは……」あなたにはチャンスが与えられたのだ。ただし、いつまでもぐずぐず話していないように。いい印象を与えたら、メールを送ったり電話をしてもかまわないと言ってくれるだろう。しかし、ここに秘密がある。有名な人たちは、しゃべっていて楽しい相手との会話を引き延ばす傾向があるのだ。というのも、次々にやって来ては話しかける人間を避けたいからだ。あなたはラッキーなのかもしれない。というわけで、ネットワーク作りはとても簡単だ。あらためて、わたしの三つの秘訣を繰り返しておこう。行く、しゃべる、ちゃんとふるまう。幸運《ボヌ・シャンス》を祈ります。

5 あなた自身をイエローに塗ろう

あなた自身がブランドになろう①

現在、ヴーヴ・クリコ・シャンパンは印象的なイエローのラベルとともども、アメリカをはじめ世界じゅうでもっとも有名なワインのひとつである。しかし一九八四年、わたしがアメリカのヴーヴ・クリコのマーケティング責任者になったとき、このシャンパンは二〇〇年以上前から輸入されていて、しかも同じ輸入業者が一〇〇年以上担当していたが、マーケットシェアは一％以下だった。たいしたブランドではなかったのだ。ただ興味深い歴史を持ち、マダム・クリコについてのすばらしい話が伝わっていた。彼女のモットー「品質はただひとつ、最高級だけ」が、会社の文化と経営を決定していたのだ。当時アメリカ市場では、ヴーヴ・クリコの販売網は統一されておらず、きちんと整備し確立させる必要があった。しかし、そんな状況も驚くにはあたらなかった。なぜならブランドのアイデンティティがなかったので、きちんとメッセージを伝えられなかったからだ。

ブランドでなければ、ただの日用品だ。ヴーヴ・クリコのシャンパンはスパークリングワインの膨大な日用品市場に埋もれ、イタリア、アメリカ、スペイン、フランスの何百万本ものワインといっしょに店頭に並べられていた。しかもアメリカでは泡が出るものは何でもシャンパンと呼ばれていたので（アメリカ以外の多くの国では違法である）、ヴーヴ・クリコがパリから北東に一五〇キロ近く離れたフランスのシャンパーニュ地方で作られているという事実すら伝えていなかった。ヴーヴ・クリコは比較的名前が知られていたが、それでも、しばしばボルドーのワインとして言及されることには驚かずにはいられなかった。

多くの結婚式の祝杯でシャンパンが使われていたが、当時は九九％以上の式で本物のシャンパンは使われていなかった。ただし、小規模の作り手から、モエのような大企業まで、他にも一三〇種類のシャンパンがアメリカに輸入されていた。

こうした事実を考慮したうえで、わたしはどうやってヴーヴ・クリコを第一選択肢のブランドかつ、イメージリーダー的なシャンパンにしたか？　おまけに、大変な難関が立ちはだかっていた。ヴーヴ・クリコの名前を聞いたことがあり、それがシャンパンだと知っている人は少なくなかったが、フランス生まれ以外の人はブランド名を正しく発音できないようだったのだ。ブランド名が言いにくかったら当然注文しないだろう。これは大問題だった。

シェアがそれほど小さくて売上も少なかったので、宣伝費用はあまりなかった。もちろん、トップブランドのように一流雑誌に繰り返し広告を打つことも無理だった。スターにお金を払ってＰＲしてもらうような大がかりなイベントを企画する予算もない。テレビも多くの理由からだめだった。では、どうしたか？

ある日、わたしはラジオを利用することを思いついた。一九八五年当時は、多くの人々が、仕事の前と後に車や自宅でラジオを聴いていた。ヴーヴ・クリコの歴史をラジオで語り、何度もその名前を繰り返すのはいいアイデアに思えた。ニューヨークのラジオ局の広告担当責任者に相談すると、彼はラジオ宣伝に同意し、予算も少しですむと請け合ってくれた。

まずラジオでの販促キャンペーンとして、三〇秒から六〇秒のスポット枠が必要だった。その短い時間で広告をして、他のブランドとのちがいを伝えなくてはならない。ニューヨークの広告会社を雇う予算はなかったので、わたしはＰＲを三つか四つのポイントにしぼった。いちばん重要なメッセージと価値を伝えるためには、だらだらしゃべることはできないからだ。何点かにしぼり、それを裏づける根拠をすべて示す。

最初のメッセージと差別化のポイントは、VCP（ヴーヴ・クリコ・ポンサルダン）の歴史における位置づけと、文化についてだ。とりわけ夫の地位を継いだ未亡人のマダム・クリコが、シャンパン界の常識を打ち破る試みをして、彼女のシャンパン・ハウスを成長させ、世界的名声と繁栄を手に入れたこと。マダム・クリコはVCPを並みいるシャンパンと差別化したのだ。

ふたつ目の特徴は品質だ。そこには偉大なブドウ畑を所有していること、偉大なワインの作り手であること、そして長年にわたるクリコ社のモットー、「品質はただひとつ、最高級だけ」が含まれている。わたしはヴーヴ・クリコをノンビンテージシャンパンの中ではいちばん高い価格に引き上げた。それは人々に最高級の品質を期待させることになる（「この値段ならとてもおいしいにちがいない」）。わたしはVCPを品質とイメージで有名にさせたかった。実際、その地位を裏づける品質が、ボトルの中に入っていたのだから。

VCPのラベルは、もっともすぐれたコミュニケーション・ツールであるブランドを識別するものだ。フラッグシップのノンビンテージ・ブリュットは「カルト・ジョーヌ」。英語では「イエローラベル」と呼ばれている。ラベルの色は卵黄の黄色だ。わたしたちはその色をすべてのものに使いはじめた。文字どおり、街をイエローに塗ったのだ。わたしたちはイエローをわが物にしようとした。まもなく、ハロウィーンの時期には、イエロウィーン・パーティを開くようになった。統合マーケティングという言葉を知る前から、こうした手法をとりいれて、一〇月三一日の週、すなわち年末のシャンパンシーズンが始まるときに、すべてのワインショップのウィンドウを独占し、販売と消費の上得意をそのイベントでもてなした。

それによって他のブランドとの差別化をはかったのだ。競争相手よりも品質がすぐれていて、相手が太刀打ちできないときは、資力と機会をしっかりと利用する。これはファッションでも食品でも、おそらく芝刈り機でも当てはまるだろう。百貨店のメイシーズは感謝祭のパレードを〝わが物〟にしている。数十年前だったら、すべての大きなパレードにお金を出したかもしれないが、彼らは抜け目なく、最大のショッピングの週末と、一年で最大のショッピング月の始まりに、テレビやラジオや活字を通じて全国にメイシーズの名前を宣伝しているのだ。

やっかいな問題は、人々がヴーヴ・クリコのブランド名を発音しなくてはならないということだった。そこで、「プーシキンがクリコについて書いている」「《カサブランカ》のシャンパンだ」、それに世界最初のビジネスウーマン、クリコ未亡人の物語、イエローのラベル、「品質はただひとつ、最高級だけ」などのヴーヴ・クリコの差別化のメッセージで武装して、ラジオのスポット放送に臨んだ。

親切な宣伝担当者は、ラジオとコミュニケーションの伝説的人物トニー・シュワルツのところに行くように勧めてくれた。トニーは宣伝コンサルティングと制作をしていた。「あなたの目的は何か、誰に聞いてもらいたいか、どのぐらい費用をかけられるか？」彼はたずねた。

目的は簡単だった。人々にヴーヴ・クリコのブランドを知ってもらい、その名前を発音してもらうこと。「世間を引きつける魅力」を創りだすこと。人々にヴーヴ・クリコのシャンパンを買おうという気を起こさせること。リスナーの定義もむずかしくなかったが、ちゃんとしたリサーチによる根拠を手に入れたのは何年もたってからだった。わたしは言った。「シャンパンを買う余裕のある二五歳から五五歳で、大都市でレストランやイベントに出かける人たち」当時、イエローラベルのボトルは二〇ドルをわずかに切るぐらいだった（現在は四〇ドルちょっと）。したがって、手の届く贅沢だったが、買い手には購入可能な収入が必要だった。

最初の放送局はクラシック専門局にしようと、すぐに意見が一致した。「ロックやコンテンポラリーよりも広告料が安いんだ。それにリスナーはもっと金持ちだからね」トニーは言った。しかも、クラシック音楽はＶＣＰのブランド・アイデンティティの一部であるすばらしい品質と文化的イメージを伝えてくれると、わたしは思った。いいだろう。わたしたちにはスポット枠が必要だった。

トニーと二人のコピーライターは二通りのヴーヴ・クリコの物語を書いた。わたしがそれを聞きにいくと、トニーは提案した。「これはフランス訛りの女性が読むべきだと思うんだ。どんな感じか確かめたいから、音声テスト用に試し読みしてもらえないかな？」

選択肢はなかったので何度も何度も読んだ。彼らは言葉を切り、文章を微調整して、三〇秒と六〇秒のスポットＣＭを作り上げた。たいていの人がそうだと思うが、わたしは録音された声が自分の声とは思えなかったし、あまり気に入らなかったが、そこにいたプロたちはスポット放送に満足だった。あとはフランス訛りのタレントを雇って録音すればよかった。

一週間後、トニーが言いだした。「ねえ、あなたみたいなしゃべり方の人がまだ見つからないんだ。あなたがやってみるのはどうかな？」

「もちろんだめよ」わたしは答えた。この人たちは頭がどうかしたのかしら？　フランスの社長は、わたしがラジオでヴーヴ・クリコの声を演じたと知ったらなんて言うだろう？　わたしはうぬぼれ屋ではなかった。自己宣伝だの何だのと非難されたくなかった。

「あなたの声は完璧なんだ……あなたほどの人を見つけられないんだよ……」

「最高の俳優がいるこの街で？」わたしはやり返した。

「彼らは演技しているが、あなたは自然だ」議論は続いた。

ひと月後、わたしは三つのラジオコマーシャルを録音した。決め手は、誰かを雇って支払いをする必要がなかったからだ。わたしはいつも会社のお金を自分のお金のように大切に考えている。少しでも節約できるなら、そうした。コマーシャルはまずトCMを録音した。ＶＣＰの販売とマーケティングの予算が増えるにつれ、さらにクラシック音楽の局を増やし、やがてジャズなどの局でも流すようになった。

《ニューヨーク・タイムズ》のクラシック音楽のラジオ局ＷＱＸＲで流された。キャンペーンは大成功をおさめ、それから一五年以上、わたしは同じような三〇ものスポッ
もちろん、他のブランドもこの宣伝方法に注目した。それまで他のシャンパンも、そしてわたしの知るかぎり、有名ワインも、ラジオで宣伝をしたことがなかった。だからこそわたしたちのブランドは目立ったが、まもなく他のシャンパンブランドもそ

れに続いた。そして、わたしたちとまたビジネスをしたがっている局は、競争相手からの宣伝を受けることに気を遣い、たいてい、すべてのワインCMの採用について相談された。わたしはヴーヴ・クリコが流している局では、他のシャンパンの宣伝が行われないように手を打った。そのとき「攻撃は最大の防御なり」ということわざを実感したものだ。

さらに攻撃的なラジオキャンペーンは、すばらしい幸運に恵まれた。クリスマスまでの秋の数週間、ラジオのスポットCM料はもっとも高い。そのあとの一週間ほどは、広告がぐんと減り、料金も安くなる。その時期はおおみそか直前で、まさにシャンパンがいちばん売れるときだった。そこで、親しい広告担当者の助言もあり、一二月二六日から始まる週にすべてのネットワーク局で大量のスポットCM枠を買いたいと、大きなラジオ局にかなり安い金額で打診した。そして勝った。とても控え目な料金で、ヴーヴ・クリコはアメリカ、カリブ海などで広く宣伝されたのだ。さまざまな世代や職業の人々が、毎年飲んでいる唯一のシャンパンを買おうとしたときに、ヴーヴ・クリコの名前を思い浮かべたはずだ。それは大変な成功をおさめ、翌年は二番目に大きいラジオネットワークでCMを流した。

申し上げたように、人生はエピソードとシーズンでできている。そして現在はラジオのシーズンが終わったので、こうした方法はすたれたが、それまでにわたしたちはアメリカのシャンパン市場で二五％のシェアを獲得していた。

この企画のおまけとして、わたしの声は有名になった。他の一流ブランドから、もっとCMをやってもらえないかと頼まれ（断った）、パーティで初めて会った人や電話で初めてしゃべった人にたびたびこう言われた。「その声……ねえ、あなたはヴーヴ・クリコのコマーシャルの人に声がそっくりですね……実は、あれでヴーヴ・クリコを知ったんです」

そして、わたしは心の中で満足しながらつぶやくのだった。任務完了。

このブランド確立の話で、ひとつ重要なことがある。メッセージを変えないことだ。一五年間、わたしたちは変わらない三つのポイントをさまざまな方法で示してきた。注目され、記憶されたいなら、毎年あるいは季節ごとにコマーシャルを変えないほうがいい。一人前のブランドになるには時間がかかる。多くの金をかければ、そのスピードアップに役立つが、それは必須ではない。

数年ごとに多くのブランドがパッケージを「刷新」している。しかしエネルギーと新鮮さを注入するなら、新しいギフトボックスやギフトバッグで簡単にできるだろう。ラベルを改変するのは、知名度が高いほどむずかしい。ブランドの顔にかかわってくるからだ。そしてもちろん広告キャンペーンは、活字だけでもテレビなどの媒体を含めても、新規顧客を開拓し、そのブランドを真っ先に思い浮かべてもらうために古典的な手法である。

VCPでの宣伝では、若いおしゃれな男女、特に女性を念頭に置いた。それはある意味でシャンパンを過去のものではなく、今のものとして見直すことに役立った。とりわけ、成人になって初めてシャンパンを知る新しい消費者をターゲットにしたからだ。ボトルの中身を変えるような見直しはしなかった。

ただし確立されたブランドや製品は常にフレッシュさを維持して、時代に遅れないようにしなくてはならない。あなたも自分自身を定期的にリフレッシュし、変える必要がある。外見はヘアスタイルや新しい眼鏡で変えることができる。仕事、パートナー、おそらく人生に対する哲学ですら変えることで、自分を創り直すことができる。さほど意外ではないだろうが、わたしは食べ方を変えることを提案したい。

あなた自身がブランドになろう②

あなた自身をブランドだと考えたら、どうだろう？　あなたに明瞭なアイデンティティがなければ、似たり寄ったりの仲間のあいだに埋もれてしまうだろう。ビジネスで野心があるなら、ふだん使われている、これといって特徴がない同タイプの他製品と簡単に交換できるような、日用品にはなりたくないだろう。あなたが部屋でただ一人の女性なら、必ず注目されるはずだ。ただし、凡庸で、誰とでも交換できるような女性だったら別だ。

周囲にあなたの個性的な特徴を知ってもらう必要がある。つまり、存在を認められるということだ。どんな個性が、あなたをきわだたせてくれるだろう？

わたしたち全員が、〝知覚過敏〟の心と頭で生きている。どうでもいいことをよりわけ、きちんと洗練されたメッセージを得るには、長期間にわたってすべての資質を几帳面に活用する必要がある。不変の外見、音、製品の感触、ブランド、その活動によって表現するもの、それらは最高の広告キャンペーン以上にメッセージを伝えるだろう。いい換えれば、常にメッセージを発信することが、キャンペーンを支え、強化するのだ。あなたのメッセージは何だろうか？

あなたのメッセージは？

デジタル化された現代では、ラジオキャンペーンに乗りだし、メッセージを発信する必要はない。しかし、ウェブの存在を考慮して、たとえばあなたのビジネスライフを最新のものにするために、ソーシャル・ネットワーキング・サービスを利用してもいいだろう。もちろん多くの女性がウェブサイトやブログを持ち、自分自身を売りこむために利用している。しかし、そこにはリスクも潜んでいる――あなたの写りの悪い写真、あとから撤回したくなるようなあなたや誰かの意見、メッセージがぶれることなど。これだけは覚えていてほしい。あくまで品質を最優先すること。何であれ少なければ少ないほどいいこと。

わたしはこれまでにふたつの重要な教訓を学んだ。ヴーヴ・クリコをもっとも高価なノンビンテージシャンパンの地位に押し上げた方法については、すでに語った。それ以来、ずっとその地位を保ち続けている。その結果、売上は伸びた。人々に認知されたものは現実になるのだ。そして二番目の教訓は、つきあう相手によって自分が判断されるということ。ヴーヴ・クリコはときどきシャンパンのアルマーニと呼ばれる。そのことにわたしは満足している。ラグジュアリーブランドの会社で働いているなら、イメージが何よりも重要だから、あなたは二流のホテルに滞在するわけにはいかない。カルティエなら、どの店舗も一流の住所にあるにちがいない。すべてはメッセージの問題なのだ。ただし、本来の自分とはちがう人間に見せることを提案しているのではない。ブランドは保証だから、その傑出した特徴を伝えなくてはならないのだ。

メッセージを伝えるときの重要なポイント――シンプルにして、変えないこと。たいていの人はモーセの十戒を知っているが、すべての戒律を言える人は多くない。モーセがメッセージを三つにしぼっていたら、まちがいなく彼はもっと偉大な人間として記憶されただろう。

もう一度繰り返そう、ラグジュアリーブランドだけでなく、あらゆるブランドにとって、圧倒的なアイデンティティを持つことが必須である。どういう会社で、どういう個性を提供できるかを決めることが、ブランド創りの最初の一歩だ。いったん決定したら、その個性的な販売方針はすべての基本となる。

ブランドを確立するには修練が必要だ。常に同じことを、同じように伝えるようにしなくてはならない。さもなければブランドは希薄になってしまう。そして、いちばんむずかしいのは、ブランドの助けになるようなことをして、助けにならないことをやめることだ。

わたしの感じ方にいちばん近いのは、自分らしく居心地がいいこと《ビアン・ダン・サ・ポー》だ。それはワーク・ライフ・バランスを大切にすることだけではなく、あなた自身がブランドになることと関係している。「ビアン・ダン・サ・ポー」は個性的な自分であることだ。自分の内と外、両方に対して誠実にふるまうという意味だ。自分自身のスタイルを開発することなのだ。それは居心地がよく、あなたにふさわしい外見や態度であり、世間に見せたいあなたの姿だ。あなたのブランドはどういうもので、どう表現されるだろう? 服、アクセサリー、メイク、ヘアスタイル、声、笑い、雰囲気。わたしには、とても鮮やかな色の口紅をつけている親しい友人がいる。わたしはめったに口紅をつけないが、彼女は深みのある濃い色で個性を出している。いつも大きなブローチをつけている知り合いもいるし、首に十字架をかけている人もいる。わたしの場合は、スカーフ、ネックレス、サングラスだ。

あなたが五〇歳で、二〇代のような格好をするなら、もちろんそれはブランドの主張を伝えているにちがいない。パリでよく見かけるように人参色に髪を染めたり、ニューヨークで見かけるように夏でも重い黒いブーツをはいたり。

一九八八年の映画《ワーキング・ガール》の主人公を覚えているだろうか? メラニー・グリフィス演じる秘書のテス・マクギルはこう考えている。「ビジネスで成功したければ、最高のヘアスタイルにしなくてはならない」そう、彼女の言うとおりだ。『フランス女性は太らない』の中で、わたしはこう書いた。「フランス女性はすばらしいヘアカット、一本のシャンパン、うっとりするような香水で幸せになれることを知っている」わたしはそれを信じている。

ひどいヘアスタイルは、女性にとって大惨事だ。わたしが美しさの秘訣を伝授するとしたら、すばらしいヘアカットをしてもらい、定期的にブローをしてもらうことをお勧めしたい。わたしがビジネスライフで髪に使った時間とお金のことを考えると、少々気恥ずかしくなる。しかし、それはどうしても必要なものだった。立場上、常に人前に出ても恥ずかしくない姿でいる必要があったし、わたしもそう望んだのだ。

職場での女性は男性よりも外見で判断されるというのは、厳然たる現実だ。不公平だが、現実だ。それに向きあおう。だがゴージャスである必要はない。実際、多くの職業で、美しすぎることは役に立たないという意見があるほどだ。しかし、女性はちゃんと身だしなみを整え、きちんとして見えるべきだ。フランス語ではそれを「ソワニェ(soignée)」と呼ぶ。あなたは会社の代表として、どういう相手と取引したいだろうか?不潔な脂ぎった髪をした、体型の崩れた人? そういう人々は頭脳や人間性を買われて雇われるかもしれないが、一線には立てないだろう。外見には気をつけよう。いちばん簡単な方法は、髪について客観的な意見を言ってもらい、実行することだ。「最高のヘアスタイル」を手に入れよう。

あなたの外見は言葉にこそならないが感情に訴えかけ、強い印象を残す。それがあなたの第一印象になる。「すばらしい第一印象を残すために、第二のチャンスはない」

という言葉を聞いたことがあるだろうか。第一印象はビジネスでもプライベートでも重要である。

ビジネスにおける第一印象は電話かメールかもしれない。しかし、もっとも重要なものは、実際に会ったときのものだ。母の口癖はこうだ。「覚えておきなさい、髪の毛、目、笑顔、それに靴が肝心よ」（誰かに頭のてっぺんから爪先まで、さりげなく観察されるのを感じたことがあるだろうか？　わたしはある。よくあることだ）。どうやら、視線を向け、相手の外見と全体的印象について最初の、そして永遠の評価を下す部分があるようだ。

ビジネスでは、何を着ているか、男性よりも女性の服装に注意が向けられる。企業風土と文化によって異なるドレスコードが存在する。したがって、新しい会社で新しいポジションを求めていたり、現在の会社内で異動や昇進を望んでいたりするなら、まえもって会社の雰囲気とドレスコードを調べておこう。

スタイル

あなた自身がブランドになるということは、スタイルを持つという意味だ。そのスタイルは確立されたカテゴリーに分類されるかもしれないが、あなたの個性的なスタイルは、他と一線を画するだろう。コツは適度に目立つことだ。とりわけビジネスの場面で。

フランス女性は、スタイルについて生まれつきセンスがあると考えられている。まあ、イエスでもありノーでもある。たしかに、フランス女性は大人になるまでに、さまざまな経験を積んで学ぶ。お手本なら、広告から学校の制服、あるいはフランス家庭に共通する特徴的な行動や習慣など、フランス文化や社会のいたるところにある。フランス以外の町で通りを歩いていても、すぐにフランス人を見つけることができる。フランス人の仕草《しぐさ》や外見は独特なのだ。しかし、スタイルは時間をかけて創られていくもので、大人になるまでの経験や選択にかかわっている。ただし独特のスタイルを開発したり磨いたりするのに、遅すぎるということはない。それにフランス人の誰もがしかるべきスタイルを身につけているわけではない。自分のスタイルのもたらすものが、よく見えていない人もいるのだ。

少し前に、わたしはある合同会議に出席した。するとセンスがほとんどない四〇代後半のフランス女性が、自社の状況についてプレゼンテーションをしていた。彼女は垢抜けないビジネススーツを着ていて、おそらくスワロフスキー風の長く垂れ下がるイヤリングでアクセントをつけたつもりだったのだろう。そのイヤリングは、けばけばしく不適切に思えた。部屋にはもう一人女性がいたが、彼女はすばらしいセンスのイタリア人だった。彼女がわたしにちらっと向けた視線で、どう思っているかすべてを物語っていた。では、男性は？　彼らの顔は皮肉っぽく、彼女は何を考えているんだ？　と言わんばかりだった。ココ・シャネルが言ったように、「女性がきちんと装っていないと、人は服装のせいで彼女に注目する。しかし、すばらしく装っていたら、人が注目するのは彼女自身なのだ」。ビジネスでは、自分自身に注目を集める必要はない。人前に立つときに迷ったら、保守的で目立たない服装にしたほうがいいだろう。プレゼンとあなたを目立たせるのだ。

スタイルをどう定義するだろうか？　どうやったら自分自身のスタイルを開発し、身につけられるだろう？　わたしにとってのスタイルとは外見すべてをさす。どう装い、話し、動き、ふるまうか。すべてがいっしょになって第一印象になる。おしゃれと混同してはならない。すばらしくおしゃれで、きちんと服を着た女性でも、スタイルのセンスがゼロかもしれない。スタイルはその人間の内面ともっと深くかかわっているものなのだ。プライベートでスタイルを磨くには、自信と個性のふたつが大きな財産だ。それは学べるものだろうか？　ある程度まではイエスだが、どういうスタイルであれ、一日の終わりにそれが居心地よく感じられること、つまり自分自身を知り、生活のバランスがとれていることが必要だ。

女性を創る服

イーディス・ウォートンは『歓楽の家』で、「服は背景といっていい。それは成功をもたらさないが、成功の一部ではある」と書いている。責任ある地位を望んでいるときに絶対にしてはならないリストを載せておこう。

- 透ける服（おもにトップ）と胸元が深く開いている服（何を考えているのか？）。
- ストラップレスのトップ（ストラップレスとビーチ用の服は、都会の面接には不向きだ。そして、ほとんどの国とその文化でも不適切である）。
- 強烈な香水。
- 濃すぎるメイク。
- ビーチサンダル（金曜で、ひどく暑く湿度が高くても）、オープントゥやバックストラップのハイヒール。
- 欠けた爪とつけ爪。
- くたびれたジーンズ。わたしの価値観では、面接にはどんなジーンズでもよくない。

●男性のように装う。男性だと知らせたがっているなら別だが。
●マイクロミニのスカート。
●シャツをはじめ、アイロンのかかっていない服。
●整えていない髪。
●アクセサリーのつけすぎ（小柄な女性が大きなフープイヤリングをつけるのも含まれる）。

イメージはつかんでいただけたと思う。伝線したストッキングとか汚れた服のことはつけ加えるまでもないだろう。きちんとした服装をしていれば、雇用や昇進につながるだけではなく、尊敬とプロとしての賞賛を得られるだろう。

目と笑顔については、自分で完全にコントロールできる。アイメイクはやりすぎないように。相手に精神を集中して、相手の目をしっかり見よう。同じように、笑顔にも心をこめよう。たとえ神経質になっていても、笑みはあなたをリラックスさせ、顔の表情を自然にしてくれるものだ。

何を着たらいいのかの判断は、そうむずかしくない。次の三つのゴールデンルールがあるからだ。「量よりも質」「あらゆる面でシンプルに」「少なければ少ないほどいい」

わが社に入る女性の多くは入社したての頃、ラグジュアリーのイメージを反映しているとは言いがたい（それは高価なデザイナーズブランドの服を着ているという意味ではない）。しかし、同僚の服装、そしてもっとも重要なのは直属のボスやさらにその上の上司の服装を観察して、すぐにどうするべきかを理解する。

リーダーはお手本になる。わたしがいくら家でレギンスとノースリーブのTシャツで過ごすのが好きだからといって、外では決してそういう服装はしない。カジュアルフライデーが施行されたときも、オフィス以外でのカジュアルな販売会議の席でも。その理由――いきなり誰が現れるかわからないし、長年のあいだには、いくつかのあまりうれしくない不意打ちを経験しているからだ。

ヨーロッパ人はふいに訪問するのが得意で、「近所にいるので、ちょっと寄ってオフィスを見せてもらってもいいですか？」、あるいは「ご挨拶にうかがってもいいですか？」「ビジネスの件でご相談できますか？」などと直前に連絡してくる。また、「X国（あるいはY州）から来た〇〇が外にいて、よろしければちょっとご挨拶をしたいと申しているんですが」とたびたび言われたことがある。こうした人々に対してはノーとは言えなかったし、実のところ、彼らと会えてとてもうれしかった。訪問客がオフィスでわたしに会うとき、わたしはクリコ社であり、ヴーヴ・クリコのブランドだ。わたしはブランドの顔でありイメージなのだ。CEOばかりではない。あらゆる部門のマネジャーがこういう突然の訪問に応対するが、そのとき彼らは会社でありブランドなのだ。したがって、服のリスクは負わないようにしよう。

わたしは流行に敏感な人間ではないが、フランス女性らしく、すてきな服が好きだし、おしゃれをしていると元気が出て、世の中に立ち向かう気になる。それに、誰でもそうだろうが、服の趣味をほめられるとうれしい（もしあなたがうれしくない、あるいは外見についてほめられたことがないなら、それは何かを暗示しているのかもしれない）。誰にも個性があり、外見も趣味も異なるので、独自のスタイルを開発するのはそれぞれの責任だ。それが、あなた自身がブランドになるということだ。基本を頭に入れたうえで、自分自身でアクセントをつけよう。わたしと同じ意見である必要はないが、どうして意見がちがうかを知っておくべきだ……そして、自分の決定をひと晩考えてみよう。

1　スメクシーな装いをする

「スメクシー」とはスマートでセクシーという意味の造語だ。ここでいうセクシーとは、女性らしくファッショナブルなことで、露出度を高くするということではない。ビジネスと人生に対する母のアドバイスがいつも頭に浮かぶ。決して見せすぎないこと。男性に想像力を働かせるようにしなさい。常にちょっと謎めいた女性でいなさい。

2 **上質の品に投資しよう** つまり、中心となるワードローブは量よりも質で。

3 **完璧な肉体を持っている人はいない** したがって、魅力的な部分を強調し、あとはカモフラージュしよう。典型的なフランス女性は、それが得意だ。

4 **限度を超えないことを学ぼう** とりわけ特別な場合に。たとえば、夜のビジネスの会合で肌も露わなドレスを着ないように。それはあなたについてまちがったメッセージを発信し、誤解を生む可能性がある。

ファッション（Fashion）、女性らしさ（Femininity）、楽しさ（Fun）という三つのFは一生をかけて発見するものだ。そして人生におけるすべてのものと同じく、人生のさまざまなステージにおいて表現の仕方は変わっても、それは多くの喜びを与えてくれるはずだ。注意したいのは、「怪しい魅力」と「女らしさ」を混同しないこと。さらに、過度な「統一感」へのこだわりや「似合うに決まっている」という思いこみを避けること。いずれもフランス流ではない。

ある女性があまりにも統一されていたら――たとえば、服に靴にバッグ、さらにヘアバンドから帽子、宝石までピンク色――それは彼女のブランドになる。とんでもないブランドだろう。目につかないが、存在感のある控え目な優雅さを選びたい。おしゃれでシンプルと呼べるものだ。

服についてのこの項目の最後に、わたしが実行している基本ルールをご紹介しよう。あとは、自分のスタイルを創り、ミックスさせ、マッチさせてほしい。ただし常に「まず快適」を心がけよう。これはカジュアルとは同意語ではないが、スティレットヒールで歩いて足首をひねってしまっては元も子もない。

あなたの個人的なイメージやスタイルを築くときには、伝統的で基本的な、決してすたれないビジネスワードローブが必要となる。わたしは「使い回しのできる必須のワードローブ」と呼んでいる。

●すっきりした黒いドレス――この服については何度も主張しているかもしれないが、必須の一着である（ノースリーブでAラインが大半の女性にいちばん似合う）。
●中間色のカシミアのカーディガン。
●カーディガンの差し色になるようなクルーネックのセーター。

●黒のタートルネック。

●ハイカラーの白いブラウス（面接にはうってつけ——えりは権威、自信を表現している）。Vネックかスタンダードな丸首のキャミソール。コットンのTシャツ。

●上等なパンプス、ローファーかはき心地のいいウォーキングシューズ、バレエシューズと呼ばれるありふれたフラットシューズ、そして休暇のためのサンダル。ブーツは任意で。レクリエーション用の靴はビジネスには使えない。したがって四、五足の靴が現在の予算で買えない、あるいはビジネスに必須とは思えないなら、仕事用に二足の上等な靴を買おう。時間がたつにつれ、自然に数は増えていくだろうが、それでもあきらかな安物は絶対に安物に見える。そして、覚えておいてほしい。靴は第一印象でその人を物語るもののひとつだということを。

●仕立てのいいジャケット。ロングあるいはダブルのジャケットは避ける。たいていの人はずんぐり見えるからだ。黒っぽいパンツとあわせるために、明るい色のものを選ぶ。ただし派手すぎない色にすること。

●仕立てのいいパンツ——ゆったりしすぎず、細身すぎないもの。黒、紺、グレー、淡い茶色。

●長めのタイトスカートのスーツか、ストレートかわずかにフレアーしたパンツスーツ。きちんとしていながら女性らしいものがいい。秘訣――ノンプリーツのパンツのほうが、よりすらっと長身に見せてくれる。

●カクテルドレス。大きなプリント柄、横縞、花柄は避ける。

●旅行用のカジュアルな服装。

●数枚のシルクのスカーフ、パシュミナかカシミアのストール（夜や飛行機での防寒用）。

●クラシックなレインコート。幅広く着られ、ベルトのない冬用コート。

●長短のネックレス。短いものはスーツ、ジャケット、Vネックのトップに。長いものはドレスやチュニックに。パールのネックレスは時代を超えた万能のアクセサリーである。雰囲気も考慮すること。落ち着いた雰囲気なら短いもの。エネルギッシュな雰囲気なら大きいもの。アクセサリーはその人の個性について多くを語ってくれる。また、宝石とカジュアルなアクセサリーをいっしょにつけてもかまわない。

●実用的で流行にあったしゃれたやわらかい革製のハンドバッグ。ただし、いろいろつめこんだ大型は避けよう。それは全体のシルエットをだいなしにする。わたしは軽いバッグを愛用している。大きめのバッグには「五〇％の解決策」を採用して、中身を定期的に点検し、不要なものをとり出している。たいてい五〇％は出すことになる。秘訣――中身が空っぽで一・五キロから二キロ以上の重さがあるバッグは買うのをやめよう。ある若い女性がペンを探していて、バッグの中身を三分の二ほどばらまいたのを目撃したことがある。メイク用品に混じって、ティーバッグ、煙草、タンポン、けばけばしいアクセサリーなどが混じっているのを見ておかしくなった。

任意で。おしゃれな財布。個性的な腕時計。印象的なベルト。それにフェイスラインに合ったサングラス。

あなたの服はフォーマルであれ、カジュアルであれ、あなたの代理人だ、ということを覚えておいてほしい。それから、笑顔を忘れないように。それは最高のアクセサリーだ。笑顔は常に旬である。

フランス女性は服に投資することは当然と考えているが、一〇〇ユーロで三三の賞賛を受けるよりも、三三ユーロで一〇〇の賞賛を受けるほうを好む。結局のところ、一万ドルのオートクチュールのドレスだったら、誰でも賞賛されるに決まっているのだから!

上海でプレゼンテーションをしたとき、聴衆の中の若くてゴージャスな女性が、わたしのオートクチュールの服のデザイナーを知りたがった（わたしはこれまでたびたび、こういう質問を受けている）。わたしは嬉々として、ベルギー製ジャケット、アメリカ製セーター、イタリア製パンツ、無名のデザイナーの靴、それにフランス製の下着だと説明した。いずれも高品質だが、オートクチュールの名前はついていない。どっちみち、ラベルは切りとってしまうが。彼女も、聴衆の他の中国女性も、フランス女性は服についてはきわめて個性的だと知ったにちがいない。他の国でもそういう風潮になりつつあることを知って、うれしく思っている。

人工的な「甘味料」

女性の香りは個性的なアイデンティティを表すものだ。香りは一人ひとりちがう。「きみの匂いが好きだ」という言葉は、何世紀にもわたってたくさんの言語で数えきれないほどささやかれてきただろう。

最近は、心を落ち着かせたり、奮い立たせたりするために香りの力が認められている。かつては体や毛穴から発散される生まれつきの匂いは、性的な魅力、あるいは不快感を催させたものだ。現在は、ヘアケア製品からスキンクリーム、石鹸にいたるまで、合成製品が匂いのアイデンティティを与えている。あなたの匂いはどういうメッセージを伝えているだろうか？　それもまたあなたの外見の一部なのである。

香りをコントロールして、自分のブランド・アイデンティティとして利用することはできる。とりわけ、使っている石鹸とまとっている香水によって。香水はわたしたちの知るかぎり、四〇〇〇年前から存在している。ルネッサンス以降、貴族のあいだで広まり、庶民は一八世紀から使いはじめた。今はもう悪臭を放つ通りを歩くときに、香水を染みこませたハンカチーフで鼻を押さえることはない。二一世紀の現代では、週に一度の入浴ははるか昔の儀式となり、もはや体臭をごまかすために香りをまとう必要はなくなった。香水は任意のアクセサリーなのだ。

わたしは強い香水は好まない。ビジネスでは、強い香水は仕事の面接や、上等の食事とワインが出されるディナーパーティでは災厄になる可能性がある。本当に必要なのは、暖かい季節には軽くてフレッシュな香り、寒い季節にはスパイシー、あるいはムスク系の香りだ。わたしはずっとひとつの香りを使い続けている。

もっとも上等なブランドの香水は、値段の張る天然の材料から精油を抽出して作られており、高品質なので値段も高い。そこで合成香料が製造されるようになり、一般受けしそうな甘ったるい強い香りが登場してきた。ただし、その匂いの下から、たちまち個性のない薄っぺらな合成物の匂いが顔を出す。価格に納得がいくのは、ブランド物のオードパルファムやオードトワレだ。香りの持続時間は短いが、本物だ。それに、お金を節約する秘訣がある。いちばん小さなボトルを買うのだ。香水はワインと同じく、半分に減ったボトルの中で酸化する。めったに香水を使わないなら、ボトルの中身は酸化して、使い切るまでにその魔法を失ってしまうだろう。

わたしの母が愛用した香水が、わたしの香水――シャネル№5だ。一九二一年にココ・シャネルによって選ばれた有名なジャスミンと薔薇の香りの香水である。「香水はキスしてほしいところにつけなさい」とシャネルはいった。母が贈ってくれた初めての香水は、大人の女性への重要な通過儀礼になった。ただし、わたしはマリリン・モンローがシャネル№5を語った言葉のほうが好きだ。ベッドでは何を着ているかとたずねられた彼女は、甘い声でこう答えた。「シャネル№5を二滴よ」ただし、わたしの場合は一滴で充分だ。

マナー

マナーはあなたがまとう、もうひとつの香水だ。そしてマナーは、スタイルとブランドを決定する際に、より大きい明確な役割を果たす。エチケットというほうが、おそらく社会的に容認される行動に対してはふさわしい言葉だろう。

わたしたちは、猫は「cat」とつづるのであって、「kat」とつづるのではないことに同意した。同じように、仕事を効率的にこなす訓練された専門家であることを示す、ビジネス慣行と文化を学ぶ必要がある。

明文化された行動規則だけではなく、文書にされていない多くの規則を知るにあたって、役割モデルと指導者が重要である。礼状のことは覚えているだろうか？　会議に遅刻しないことも。ビジネスエチケットがいかに文化に根ざしているかを知ることも、プロとなるための一部だ。したがって、ある国や都市で通用することが、他の場所では通用せず、かえって契約をだいなしにしたり、悪い印象を与えたり、招待者やビジネスパートナーを侮辱してしまう可能性すらある。中国では名刺が評価されないことか、中東では両手で名刺を差し出し頭を軽く下げるのはよくないということは、その一例だ。また、ペルシャ湾岸では足を組み、足や靴の裏を影響力のある人間に見せるのは無礼とみなされる。

どのようにマナーやエチケットを大切にし、それを実践するかによって、あなたの人となりが知れる。あなたなりの表現が、あなたのブランドを決めるのだ。たとえば同僚の人生における悲劇に接したとき、どのような対応をとるか。それは人柄だけではなくスタイルを示すもので、お悔やみの言葉から、お力になりたいと申し出ることまで、いくつかのコミュニケーション方法がある。何かを申し出ることは、相手から好意的に解釈されれば、さりげなく控え目だろう。ただし、それだけではすまないこともある。わたし自身そういう悲嘆を目の当たりにした。9・11の同時多発テロが起きたときのことだ。ニューヨークのスタッフ全員が心の底から動揺し、何人かは個人的な奉仕活動を申し出た。長年のビジネスライフでは、個人的な喪失や悲嘆が必ずついてまわり、無視することはできない。そうしたときには特別に礼儀を尽くす必要がある。

何年もビジネス界にいるが、わたしは罵りの言葉を使ったことがない。使おうとしたことがなかったわけではないし、お上品ぶっているわけでもない。しかし、キャリアの初期には周囲の耳に用心したのだ。下品だと思う人もいるだろうし、女性が口にすることで憤慨する人もいるだろう。だから絶対に使わなかった。長年のうちに、何かを伝えるのに、罵り言葉を使う必要がないと悟った。さらに、声を荒らげる必要がないことも知った。ホワイトカラーの職場でも、怒鳴ったり罵ったりすることがますありふれた行為になっているので、わたしは例外的な存在になった。笑顔でも断固たる態度はとれるし、怒鳴らなくても説得はできる（怒りはたいてい弱い人間の武器なのだ）。常に聞き手を理解し、尊重するようにしよう。

もちろん、エチケットも基準も常に変化している。白状すると、何度かメールで怒りを爆発させたくなったことがある。しかし、最初に学んだ教訓のひとつは、怒っていたり動揺したりしているときは送信キーを押さないというものだ。そして、すべてを大文字で打ってメールで怒鳴らないこと。また、面と向かって言えないことはメールに書くなという、よく口にされるが、めったに守られることがないアドバイスは有用だ。多くの人間は経験を通して、書き言葉は行動と一致しているときにもっとも安全だと学んでいる。「ネチケット」は、テクノロジーを利用してコミュニケーションをとるようになって現れたのだ。大半の人々は炎上を避けるべきだとわかっているが、悲しいことに、一部の人間にとっては噂やまちがった情報をネットで広めることが気晴らしになっているようだ。

ビジネスのエチケットは経験と、ある程度はビジネス上のディナーやパーティの機会を通じて身につく。

レストランではナプキンを利用しよう。最近二〇代後半の高学歴のヨーロッパ女性を一流レストランに連れていくと、彼女はたたんだナプキンを開いて膝にかけることを知らなかった。彼女は子ども時代に外食をする余裕のない家庭に育ち、今もその余裕がないのだろう。いわゆる白いテーブルクロスのレストランの経験がなかったのだ。おそらく家では彼女も家族もナプキンをテーブルに置いたままで、しかもそれはペーパーナプキンで布ではないのだろう。

このエピソードは、マナーがいかに人を表すものかという例として挙げた。では、ビジネスエチケットの質問をひとつしよう。自然の欲求や電話のためにビジネスディナーの途中で席を立たなくてはならなくなった。ナプキンはどうするべきか？　いっしょに持っていく人も見たことがあるが、たいていはお皿のわきに置いていく。細かいことだが、礼儀を守る人間は椅子に置くようにと主張している。あなたがエチケットに詳しかったら、ナプキンがテーブルに置いてあるのを目にしてどう思うだろうか？　気にしない？　どうして猫はCとつづるのか覚えているだろうか？　Kとつづったら、あなたは教育がないとみなされるだろう。誰かが赤ワインを白ワインのグラスに注いだら？　やはり些細なことだが、知っている人にとっては気になる。ビジネスレターの書きだし（名前）をコロンではなく、コンマで終わらせるようなものだ。地元で受け入れられているエチケットを知らないと、あなたの評価は下がりかねない。わたしたち誰もが周囲にいる人々から学ぶ。エチケットは変化するが、あなたがビジネスを展開しようとしている世界で、どんな慣行があるのかを把握しておくことは重要だ。

ネチケットはダイニングテーブルにまで広がっているが、それは文化によって異なる。わたしの業界では、携帯電話はビジネスや食事のときは切るかサイレントモードにしておき、食事のあいだは応答しないのがマナーだ。他人のまのぬけた会話を聞かされるのはうれしくないし、実際、それは後回しにできるか、まったくする必要がないように思えるものだ。しかしペルシャ湾沿岸では、どうやら携帯電話に応えないのは無礼らしく、ビジネス会議でもディナーの席でも、そういう中断は当然とみなされている。電話に出たり、他の人の前でメールを打ったりするのは、あなたのブランドだろうか？　その行為は、あなた自身とあなたのスタイルとマナーを物語るものなのだ。

居心地のいいパリのビストロでは、テーブルがぎっしり並べられ、テーブルとテーブルの隙間が一五センチぐらいしかない。両隣の客は、はからずも食事仲間になってしまう。先日エドワードとわたしは、パリのおしゃれな新しいビストロで三〇代前半のアメリカ人カップルの隣の席にすわった。二人の会話を聞くまいとしても、会話の断片から二人が最近婚約したことがわかった。二人はささやきあい、料理をわけあい、見るからに楽しげだった。ところが食事が終わった直後、申し合わせたように二人とも携帯電話をとりだすと、まるまる五分間、レストランの真ん中で画面を注視して、読み、書き、メールを送信した。とてつもなく集中し、どこか遠くにいるかのような無表情な顔つきで。

少なくとも二人は電話でしゃべっていなかったので、「チーズ料理はおいしかった」というような会話は誰も聞かなくてすんだ。それにしても最近では離れた場所にいる相手への礼儀に、現在時制でコミュニケーションをとるという原則が生じているのだろうか？　そうでないことを祈りたい。さらにこの例は、今この瞬間を外部から記録しなくては楽しめないことを表している。また、写真を撮っている人も目につくが、それは利己的な態度と、店内のお客たちへの配慮のなさを露呈している。たしかに、写真は一瞬を永遠に保存するし、フラッシュをたかずにカップルで撮影したり、いいレストランで料理を撮ったりすることは記念になるが、今この瞬間をゆがめないわけにはいかないのだ。

■トレーニング

あなた自身がブランドになるには、仕事とトレーニングが必要だ。ラグジュアリーブランドの会社で働いていたら、あなたは歩く広告塔で、ある程度そのブランドにあった暮らし方をしなくてはならない。シャンパンと上等なワイン業界では、ワインのサービスと食事、それに関連したエチケットを知っておくべきだろう。

以前、新しく育てているスタッフのテーブルマナーが欠如しているのを頻繁に目にすることがあった。ナプキンをどこに置くかどころか、全員に料理が給仕される前に食べはじめることさえある。そこで、国内販売会議に、エチケットコースを少々含めることにした。そのアイデアは成功して、わたしは恥をかかずにすみ、スタッフたちはスタイルを確立し、一度ならず、もてなしているゲストに好印象を与えることができた。トレーニング内容は、誰がテーブルのどこにすわるか、誰が注文するか、誰がワインをテイスティングするかだった。それから、皿の前に置かれたグラスや、皿の両側のカトラリーやナプキンについて。さらに会話の技術。別の業種では、こうしたトレーニングはたいして重要ではないかもしれないが、基本的なことは大切だ。

ある年、フランスから会長が販売会議に参加し、その特別なトレーニングにショックを受けた。当然ながら、彼はレストランやホテルスタッフのためのトレーニングや、シャンパンを味わったことがない人のためのシャンパンテイスティングのトレーニングをしたことがなかった。というのも、彼はこうしたすべてを家族の日曜のディナー（つまりランチ）で教わった時代と家庭環境で育ったからだ。

「きみのスタッフはそういうことも知らない野蛮人なのかね？　フランスでは笑い者

になるよ」彼は言った。

わたしはこう答えた。「まあ、見ていてください」

数年後、わたしたちのグループはぐんぐん成長し、姉妹会社から完璧な若いフランス男性たちが、わたしたちのニューヨークのチームに合流した。結果はいかに？　わがチームは上等なワイン、食べ物、サービスにひるむことなく、贅沢なイメージとブランドにふさわしいプロとしての立ち居ふるまいを身につけていた。

わたしの知らないあいだに、わたしのメッセージ、哲学、アプローチはパリのＬＶＭＨで高く評価され、エチケットと装い方のコースが開設され、フランスでは幹部全員のコース受講が義務づけられた。それは最初はトップで始まり、やがて国際的な支社や従業員にまで広がっていった。四、五〇人の幸運な人々がフランスに無料で旅行し、コースに参加し、国際性、文化のちがい、ドレスコード、さらにテーブルマナーについて学んだ。紳士淑女の中には侮辱されたように感じた者もいたが、コースの前にテストを受けてみると、誰もがテーブルマナーやドレスコードについて知らないことがひとつやふたつはあることがあきらかになった。

さて、ＬＶＭＨグループは巨大なので、長く複雑な教義（と実践、たとえば男性はネクタイの正しい結び方を学ぶ）をまとめ、それをスタッフ・トレーニングに組み入れるために外部の人々が雇われた。一日のトレーニングが終わったときには、何を食べ、飲み、どんな服を着るべきかがわかっているように訓練された。ラグジュアリーブランド業界では、第一印象ときちんとしたマナーは、もはや無視できない技術である。ショーの一部なのだ。きわめて重要である。実際、すべての業界で、ふさわしいスタイルとマナーを身につけているかどうかで顧客の信頼度は大きくちがってくる。

6 誰の成功?

わたしは「成功」という言葉が好きではないので、めったに使うことはない。したがって、この章のタイトルに登場した「成功」には皮肉な意味がこめられている。成功はネガティブな言葉だ。一人の人間の成功は、別の人間の失望あるいは失敗を意味しているのだから。それに人生を振り返ってみると、ちっぽけなビジネスの成功などあまり重要ではない。成功という言葉を使うと、いつも滑稽で、自意識過剰に感じられてしまう。だが、人間は成功が好きで、それを求める。そもそも、成功とは何なのだろう?

成功は期待を管理することにかかわっている――あなたの期待と、あなたに近い人々の期待。両親や祖父母から、なんて賢いのだろう、将来は医者か弁護士になってほしいと言われた子どもはたくさんいるのではないだろうか？　実は彼らは自分自身がそうだったらよかったのにと思っているのであって、こちらがそう望んでいるわけではない。しかし、わたしたちは彼らが善意からそう願っているのを知っているので、彼らを許すように努力する。だが多くの人間が、愛してくれる人たちの期待に報いることができなかったというトラウマに苦しんでいる。

女性に対する不変の成功の期待は、赤ん坊を持つことだろう――孫を、しかも歴史における多くの文化では男の跡継ぎを。二一世紀では、その個人的な期待がキャリアの成功や幸福と相入れるのだろうか？　多くの女性はすべてを求めようとするが、それは可能とは思えない。「すべてを手にする」が意味するものを調整すれば別だ。もちろん幸せな結婚をして、二人の子どもを育て、そこそこのキャリアを築くことはできるだろう。簡単ではないが可能だ。しかし宇宙飛行士になると同時に、かいがいしい妻であり、四、五人の子育てを完璧にこなす母親になれる女性はめったにいない。現代的な都会生活では、子どもは多くの女性にとって成功の基準ではないと言いたいところだが、世界的な見地から見ると、必ずしもそうとは言い切れないようだ。

生活状況と自分自身の期待を調節することが、成功とバランスと幸福に通じる道を決める。わたしからのアドバイスは、長期的なイメージにとらわれすぎないことだ。

まず、実現可能な短期のゴールや基準点をクリアしていく。さもないと、フラストレーションがたまり、落ちこんでしまうだろう。わたしは決して偉大なピアニストにはなれないだろう。したがってわたしが掲げている目標は、新しい簡単な曲を弾くことだ――弾きこなせたときには、大きな喜びと感謝を感じるだろう。もっと大きな目標を設定すると、ピアノを弾く単純な喜びからも遠ざかってしまう。

別の言語を話したくても、一、二カ月の勉強では習得できない。現実的になるべきだ。まずレベル1のコースを終える、あるいは教科書の五章まで終えるという目標を設定する。それをやり遂げたら、自分をほめてやり、次の新たな目標を設定する。キャリアにおいても同じだ。今している仕事と、次にやりたい仕事のことに集中して、最終目標の仕事のことは一時横に置いておくことだ。そして、ワーク・ライフ・バランスを忘れないようにしよう。

二〇代で、引退後のためにいくらぐらいお金を貯めればいいか悩んでいるような人間なら、人生を段階ごとに考え、その途中で成功を設定していくように考える必要があるだろう。

現在、わたしたちは外部からの基準点を突きつけられている。ウォール・ストリートでは、収入、総資産によって点数がつけられる。経済誌《フォーブス》では毎年、世界の富豪ランキングを発表している。家の大きさでランクづけをする人もいるだろう。多くの人間が仕事の肩書きや責任によって点数をつけている。『フランス女性の12か月』で、フランス人は誰かを紹介するときに、職業で紹介しないと書いた。かたやアメリカ人はたいてい仕事を紹介する。「ジルをご紹介するわ。彼女はボーイング社の会計士なの」わたしならこう言いたい。「ジルをご紹介するわ。彼女はメキシコ旅行から戻ってきたばかりなのよ」ニューヨークのパーティで自分が紹介されるときは、居心地が悪いし、部屋の他の女性たちにどう思われるだろうと気になる。フランスではちがう。最近、エドワードとわたしは、パリのレストランで友人夫婦といっしょにディナーをとった。お相手はアメリカ生まれで二〇年間フランスに住んでいる女性と、彼女のフランス人の夫で、彼とは初対面だ。楽しいひとときを過ごしたが、二時間後にも彼の職業はわからないままだった。ほっとさせられたことだった。人を職業の肩書きで定義するのは退屈なことではないだろうか?

服やブランドも人が点数をつけるもののひとつだ。そうでなければ、本物と偽物のルイ・ヴィトンのバッグをあんなにたくさん見かけないだろう。すでに書いたように、わたしはたびたびどのデザイナーの服かと聞かれるので、もう驚かなくなった。そのことは世間が成功についてどう考えているかをよく示している。

ビジネスライフにおいては、長期的な成功と短期的な成功についての定義をして、定期的に見直さなくてはならない。すべての計画と同じように、何かを達成するために何かを犠牲にする必要があるだろう――富vs利他主義、情熱vs才能、仕事vs休暇、家族vsキャリアなど。人生とビジネスの計画ではっきりしていることは、比較的短いスパンで考えていくということだ。二〇歳《はたち》のときに、五〇歳になったらどんな成功した人生を送っているか想像するのはすてきだろうが、それは、はるかかなたにある目指す星でしかない。短期の目標と計画を持ったほうが、はるかに現実的だ。大学を卒業することは、二一歳にとって、成功のためのおそらくもっともありふれた健全な方策だろう。人生の次の段階に進み、成功について再考するときまでに必要な一歩だ。それに、三〇年後にキャリアの選択肢がどうなるか、誰にもわからない。三〇年前だったらデトロイトの自動車産業はまだ花形で、ドットコム企業は存在しなかった。

多くの先進国で、女性の寿命は八〇歳を超えている。現代の二〇代、三〇代、四〇代の人生や成功に対する展望は、わたしたちの祖母たちの展望とはまったく異なる。祖母が若かった時代には、誰もが六五歳までには引退し、たぶん七五歳までに亡くなっていた。

二〇代でわたしはニューヨークに移り、もはや通訳翻訳者にはなりたくなかったが、たいしたキャリアもなかったので、アリアンス・フランセーズでフランス語を教えることにした。フランス語を教えることが好きかどうか確かめたかったし、大学教授である夫の仕事のスケジュール（六月、七月、八月は休み）に自分の仕事のスケジュールをあわせる必要もあったからだ。また、恋しくてならないフランスの国旗をずっと振っていたいと思ったからでもある。たしかに、わたしは若かった。

生徒の一人であるダグは優秀な企業内弁護士で、たぶん四〇代前半、ウェストチェスターに住んでいた。彼のフランス語はなかなかのものだったが、フランスには行ったことがなかった。それは彼の夢だったのだ。それでも当時、彼はアメリカンドリームを体現しているように見えた。いい仕事、妻、二人の子ども、二台の車、ニューヨーク市郊外の高級住宅地にある家。もちろん、多額の家のローンと車のローンも抱えていただろう。彼が手にしていなかったのは、人生の経験だった。その余裕はあるだろうと思えたが。彼が海外に旅したのは一度だけで、ロンドン、パリ、ローマにすら行ったことがなかった。そのことにわたしはショックを受けた。彼は旅をしたがっていたが、子どもたちを大学に行かせることも含めた人生計画では、彼が望むような人生はあと一〇年は送れない。彼は罠にとらえられ、人生をむだにしているように見えた。

たしかに個人的な目標を設定し、フランス語の学習に喜びを感じていることには賞賛の念を覚えた。しかし当時も今も、わたしは現在の生活に重点を置くべきだと考えている。二〇代で何カ月も休暇をとって旅ができたことは、わたしの人生におけるもっとも大きな喜びのひとつだ。おいしい食べ物への情熱があったので、ミシュランの三つ星のレストランでいちばん若い客になれて、とても興奮した。ただし、それは誰にとっても大きな喜びとは言えないだろうが。わたしはダグのように四〇、五〇になるまで待ちたくなかった。わたしがした経験は形を変えてアイデアや会話に情報を与え、旅や文化への情熱をさらに高め、キャリアと人生の選択に直接的な影響を与えた。

現代社会では、四〇歳はかつての三〇歳といってもいい。三〇歳までに成功者としてダグのように郊外に家を持ち、犬、二人の子ども、ちゃんとした職業を持つ必要はない。それでも許されるのだ。結婚して離婚してもかまわない。許される。学校に戻り、学校を退学して、仕事につき、仕事を辞め、仕事を変える。許される。危険を冒してでも試しにやってみて、いろいろな経験をしてみよう。その結果は悲惨だとは限らず、たいてい物事はうまくいく。三〇歳や四〇歳なら、やり直しても満足のいく新たな人生のステージに進む時間は充分にあるのだ。

さて、脳外科医になることがあなたの個人的な成功の定義なら、あるいは三〇歳までに大金持ちになりたいなら、そうした休暇やレストランでの四時間の食事や、他の楽しみを数年間我慢しなくてはならないだろう。しかし、人間性と職業とは別物だ。俳優でもウェイターでも、芸術家でも銀行家でも、あなたは興味深くていい人か、そうではないか、どちらかだ。ただし、思春期のあいだに最低限の学位はとっておいたほうがいいと思う。さらに必要なら修士号、ＭＢＡ、博士号なども。

現在ビジネスで活躍している女性たちが、三〇歳でやっていたことをいくつかご紹介しよう。マーサ・スチュワート、元モデルで結婚して娘を生み母親になったが、株式仲買人だった。二〇一一年にヒューレット・パッカードＣＥＯになったメグ・ホイットマンは新しい夫についてサンフランシスコに行き、コンサルティング会社ベイン・アンド・カンパニーで働いていた。金融界の指導者、作家、ケーブルテレビの司会者であるスージー・オーマンは、カリフォルニア州バークレーのバターカップ・ベーカリーで七年にわたるウェイトレス生活に終止符を打ったばかりだった。ヒラリー・クリントンはアーカンソー州リトルロックのローズ法律事務所でジュニアパートナーをしていた。オプラ・ウィンフリーはＷＬＳテレビの朝のトークショー〈ＡＭシカゴ〉の司会者として仕事をするために、シカゴに引っ越してきたところだった。

わたしはといえば、まだ三〇歳では成功したキャリアを歩きはじめていなかった。小さなニューヨークの広告会社の未熟な顧客担当主任で、シャンパン・ハウスのために仕事をしていた。そして、自分では充分に幸せだと思っていた。

たいてい、今が幸せか（ときには振り返ったときに）、どうして幸せなのかは自分でわかるものだ。社会心理学者によれば、幸せとは「快適」に過ごせる以上の富とは関係がないそうだ。経済的に快適というのはどういうことか？　食べ物をテーブルに並べられ、それといっしょにワインを飲めるぐらいの余裕があること？　どういうワイン？　莫大な富や偉大なワインにあこがれ、それが幸福の処方箋の一部だと考えるかもしれないが、もちろんそうではない。そして、成功の定義は人生のステージに応じて変化していく。男性はポルシェを買うことで、成功して幸せだと感じるかもしれない。女性は何かを買う？　宝石？　ハンドバッグ？　そのおかげで成功して幸せだと感じる？

自分自身に満足することとは、ハンドバッグ以上に「成功」のバロメーターになる。ただし、そのバッグ、あるいはそれを所有できることとは、しばしば自己実現やアイデンティティと結びついているのだ。ひとつ確かなのは、凡庸さは成功の敵だということだ。そこそこでいいと考えて、自分自身をだますべきではない。

わたしは最近、そのことをちょっと変わった形で思い知らされた。北イタリアで一週間過ごしたことがきっかけだった。向こうで毎日飲むコーヒーはすばらしかった。

濃厚で力強く薫り高いまろやかなエスプレッソ。家に帰ってきて、挽いた豆を機械で抽出するいつものエスプレッソに戻った。これでもおいしいわ、とわたしは自分自身を納得させようとした。しかしイタリアですばらしいコーヒーを味わった衝撃のせいで、これまでそこそこのもので満足していたことに気づいた。自分をだましていたのだ。買ったり作ったりするすべてものに、偉大さを期待することはできない。しかし、一流のものに触れることは、個人の基準を設定し、いくつかの分野で飛び抜けた存在になるために重要だ。なによりも重要なのは、それによって何も考えない凡庸さを避けられることだ。

居心地がいい《ビアン・ダン・サ・ポー》という感覚は、人生のステージによって変わっていく。あなた自身のために短期の成功を設定しよう。成功は、結局のところ主観的なものだ。もし一五キロ減量する必要があるなら、手近な目標としてマイナス二・五キロを設定する。少し食べ物を減らせば、成功するはずだ。

測定基準を管理する

この章の冒頭で、成功はおもに期待を管理することにかかわっていると指摘した。しかし、ビジネスで成功するための重要な不変の課題は、会社やボスの期待にあわせて行動を管理することだ。警告その一。過大な約束をしない。警告その二。過小な約束をしない。お勧め。積極的になるべきだが、現実的に実現可能な目標を設定する。ビジネスでの成功の定義――目標に到達する、あるいは超える。それだけだ。

たとえば、ボスが金曜までに報告書の提出を求めたとしよう。あなたがどんなに努力しても翌週の火曜日までに完成させられないとわかっているなら、ノーという。そういうきわめて単純なことだ。できるかどうかわからないのに、金曜に報告書を提出すると約束しても意味はない。

正確に納期を予測し、きちんとしたものを提出すれば評価が上がる。たとえ少々遅れたとしても。

仕事の評価とは、目標に対する仕事ぶりを測ることであり、できるだけ客観的に測る必要がある。女性の場合、それによって不公平を防ぐこともできる。仕事をするときは、はっきりした目標と、それを達成したことを示す成果を念頭に置かなくてはならない。あなたが投資カウンセラーとして雇われていて、収益率がすべてだというのでないかぎり、常に成果には主観的なものが存在する。たとえばリーダーシップとか、コミュニケーション・スキルとか、チームプレーとか、定量化できないソフト面である。

あなたは、ボスが聞きたがっていることを口にしたいという誘惑に、しばしば駆られるはずだ。「二倍の売上ですか？　わかりました」そういう行動は避けよう。目標があなたの能力で到達できる範囲にあるかどうか、きちんと見極めないと危険である。しかも、ボスも会社も、きわめて苛酷な目標を押しつけてくる場合がある。わたしはいつも個々に目標を与え、全員の目標を合計すれば、会社やわたし個人の目標を超えると率直に伝えている。もちろん、能力よりも低い目標設定で働いてほしくはないが、かえって会社や全社員の足をひっぱる羽目にもなってほしくない。だから、わたしは余裕を持って目標を設定した。

また、同意した目標を達成したら、ボスに勝手にハードルを上げさせないことも重要だ。さもないと、成果を常にあげているのに、あなたは永遠に成功したとはみなされないだろう。

わたしは自分自身と会社のために、大変だが到達可能な目標を常に設定した。そして、必ずそれを超えた。それがわたしのビジネスにおける「成功」の鍵なのだ。それはたまたま起きたことではない。賢く、一生懸命働き、集中し、常に見直し、ときには積極的に元気を回復する息抜きをし、計画し、誰にも気づかれないうちにタイミングよく行動に移る。もちろん、すばらしいチームがあってこそ、計画は完全に遂行される。二〇％の売上増を約束して、一九％の達成なら、運が悪ければクビになるかもしれない。二〇％の売上増を約束して、二一％の達成なら、運がよければ昇進できるだろう。

市場の基準を超え、あなたの目標をクリアすることで、その仕事を自分のものにできる。そうしたら、シャンパンのコルクをいくつか抜くこともできるはずだ。

7 ボスをクビにする。リーダーとマネジャー

典型的なジレンマと重要な決定が、わたしの人生を変えたことは覚えておいでだろうか？　仕事か、男性か、街は、国は？

そのとき、母が重要な行動規範について教えてくれた。「野心を達成したり、機会をつかむときに、恐怖に邪魔をさせてはならない」。ずっとフランスの田舎でシンプルな暮らしをしていた母が、そもそもそういうことを知っているのは意外だった。

機会、危険、決断が迫ったときに、母は自分自身にこう問いかけるようにと教えてくれた。「**起こりうる最悪のことは何だろう？**」それはわたしの呪文となり、長年とても役に立ってきた。

わたしがアメリカに渡るかどうか悩んでいたとき――母にとっては当然つらい決断

だった——母はわたしにその質問をした。そして「戻ってくること、これでしょうね。でも、あなたが戻ってきたとき、わたしたちはここにいるわよ」と答えた。いい仕事を辞して、ヴーヴ・クリコの仕事を引き受けた結果、起こりうる最悪のことは何だろう？とわたしは自問した。一、二年仕事が見つからないかもしれない？　たいしたことではない。わたしはしょっちゅう母のアドバイスを思い出して、この質問を自分に投げかけている。

すぐれたリーダーに共通の特質は、つらく危険をともなう決断をするときに恐怖を見せず、信頼感をかもしだすことだ。それは身につけられる資質だと、母は教えてくれた。

成功している会社には、そして家庭には、よきリーダーとよきマネジャーがいる。リーダーシップとマネジメントは別々の才能と技術で、誰にでも平等に与えられているわけではない。それを知ることによって、組織図やキャリアパスばかりか、役に立つ自己認識がはっきりと見えてくるのだ。「マネジメントとは物事を正しく行うことで、リーダーシップとは正しいことをすることである」というのは、経営学の父として知られるピーター・ドラッカーの言葉だ。

バークシャー・ハサウェイの会長ウォーレン・バフェットは、世界でもっとも裕福な人間として、しばしば話題にのぼる。彼は巧みなマネジメントにより、企業に投資して莫大な資産を築いた。多くの商業銀行や投資ファンドは、稚拙なマネジメントで企業に投資して多額の金を失っている。しかし、小さな会社と大きな会社では、必要とするリーダーのタイプはちがう。会社が小さければ小さいほど、中心となるマネジメント役はリーダーシップも発揮している。会社が大きくなればなるほど、ふたつは別のものになる。成熟した企業を率いることと管理することには、異なる技術を持った人間が必要とされるのだ。

わたしは何十億ドル規模の企業を支えるＣＥＯとしての器ではない。会社がどんどん大きくなるにつれ、ますます多くの会議に出席して、ますます顧客や従業員と遠ざかっていくことに気づいた。そのとき新しいステージが訪れたことを悟った。それに、ＣＥＯは企業の顔の少なくとも四〇％を担っている。立派な企業を代表する男性の場合は皺もけっこうだが、やはり女性や広報担当者の場合はそうはいかないように思う。皮肉にもラグジュアリーブランドのビジネスは、そうした製品を買える余裕のある人々の大半が若くないにもかかわらず、若さとロマンスを扱う。人は最盛期に最高のものを求めるのだ。たとえそれが思い出をたぐることでも。成熟してふくよかになったカトリーヌ・ドヌーヴはルイ・ヴィトンの広告ではかなり修正されているが、ドヌーヴは若さ、美、セックス、洗練の象徴としてのイメージを売り、表現している。老いも若きも、現在のドヌーヴにはなりたくない。人々は最盛期の彼女になりたいのだ（もっとも、多くの人がどんな彼女でも受け入れるだろうが）。

わたしは何人ものニューヨーク市長の時代を生きてきたが、ルドルフ・ジュリアーニが登場して、街はがらりと変わった。犯罪、労働、学校、経済、楽観主義──すべてが改善されたのだ。タイミングとチャンスに恵まれたこともあるが、ふさわしい時期に現れたすぐれたリーダーは、機会を作り、革新的な変化を起こす。

あなたがすでにリーダーでも、リーダーになりたいと思っていても、あるいはリーダーを雇おうとしていても、すぐれたリーダーシップとは何かを認識することがビジネスライフと成功にとって重要である。以下にまとめたのは、リーダーとしての特質と、わたし自身のリーダーシップ・スタイルを分析したものである。最後に、マネジメントをうまく実践するときに必要とされるものについての分析も載せた。

どんなふうに傑出したリーダーを見つけて、あなたの運命を委ねたらいいか？　まず先手を打つことをお勧めする。あなたはボスを選び、そのまた上のボスを慎重に観察するべきだ――そして、悪いボスとは早々に手を切る。早く本物のリーダーを見つけなくてはならない。その人物はあなたの会社、あるいは別の会社をよりよく導き、そこには才能あるマネジャーたちがいるだろう。彼らのチームの一員になることは、賢明な自己利益に基づいて行動することだ。さて、すぐれたリーダーを示す特質は、どのようなものだろう?

●傑出したコミュニケーション・スキル　バラク・オバマが大統領に選ばれたのも、これがひとつの理由だ。過去五〇年以上でもっとも傑出した大統領に選ばれたロナルド・レーガンも、「グレート・コミュニケーター(偉大なる伝達者)」と称された。この元俳優はカメラを見つめ、あなたの目をのぞきこみ、信じてもらえるように語りかけた。その話は明快で率直で説得力たっぷりだった。ユーモアがあり、笑顔をふりまき、多くの人間を元気づけた。テレビ、ラジオ、演説、小さな会合の場で、言葉によるコミュニケーションの達人だった。とはいえ、すぐれたリーダーは、有権者に訴えるために俳優やテレビキャスターのようにふるまう必要はない。ただ雄弁に考えを語り、感情的にも論理的にも相手を刺激できるリーダーに人はついていくものだ。

●リーダーは物事を複雑にしない　重要な考えや、それにふさわしいビジョンを明瞭にし、繰り返して単純化する。リーダーは会社のビジョンを創造することがある。

あるいはビジョンを継承し、そのビジョンを実現するために作戦を立て、価値観を統一し、資金調達をする。経営陣とスタッフにそうしたビジョンと作戦をきちんと納得させる。それによって混乱が避けられる。

わたしたちの毎年恒例の企業研修会は一月末か二月初めに開かれ、国じゅうから多くの役員が参加する。それはきわめて効果的な経営ツールで、行動を明確化、単純化し、全役員にビジョンとプランを浸透させることができる。前年のすばらしい成果や販売とマーケティング活動を振り返り、成功をわかちあうことによって、社員同士の絆を強めることができる。社員はそれぞれが会社の利益におおいに寄与したことを知り、より大きな成功を達成しようというモチベーションが上がる。プレゼンテーションや質疑応答のときに、会社の中心となる価値観やメッセージを繰り返すことで、全員が同じ目標に向かっているという意識を持たせることもできる。プレゼンでは、まずその年の会社の目標を提示する。研修会が終わったときには全員が三つから五つの会社の目標を把握し、それぞれの目標をやはり三つから五つ設定している。

研修会がこのように行われれば、とても実りが大きい。この研修会でリーダーはビジョン、価値観、作戦について明確なメッセージを与え、来年の最優先課題を要約するのだ。

●**成功は成功を招く。常に公平で有能であることは忠誠心を育てる**　リーダーは常に部下の忠誠心を育て、部下の面倒を見る。人は自分の願いを理解してくれ、努力を認めて報いてくれる相手には、忠誠を尽くそうとするものではないだろうか？　それは一時的な感謝のことを言っているのではなく、長年のあいだに必要が生じたり、しかるべき機会が訪れたときのことを指しているのだ。

●**リーダーは多くのものや人を直接管理したり、細部まで目を光らせたりせず、有能なマネジャーを配置して彼らに仕事をさせる**　これは理論上ではありふれた教えだが、めったに実践された試しがない。

●**リーダーは優柔不断であってはならない**　部下はつらい決断を下せるリーダーを求めている。有能なリーダーは動じることがなく、すばやい決断にともなうプレッシャーを回避し、会社のより大きな利益のためにタイミングよく決定を下すことができる。また、支持されない決断も下せる。ゆるがないリーダーシップこそが尊敬されるのだ。

●**一貫性はリーダーの重要な資質である**　部下はビジネスにおけるサプライズを好ま

ない。まえもってボスの反応がわかっていると安心だ。たとえボスに問題のある性向があっても、部下はそれを認め、「彼はああいう人だから」と言って受け入れる。すべてひとまとめになったものなのだ。もちろん、従業員は選択する機会を与えられたときに、ボスが気に入らなければ職を辞すことはできる。

●リーダーは伝染性の自信を備えている

だから、才能ある人を雇うことを恐れない。彼らに対して脅威を覚えないのだ。部下なら誰でもボスの能力を信じ、ボスの口にしていることは達成できると信じたいものだ。さらに、わたしの意見では、有能なリーダーはリスクを恐れない。彼らには勇気がある。部下は予期された危険に対処することをリーダーに求める。「だからこそ、彼らは高給をとっているんだから」ビジネス界で臆病者は尊敬を得られない。また偽善者だとばれると、頭の中から抹消される。もちろん、誰もが厳しい決断を下す地位につきたいと思っているわけではない。本物のリーダーだけにそれができるのだ。

●プライベートジェット機で飛び回っているリーダーに共感を抱くのはむずかしい

お手本を示してくれる人として部下に認識されるほうがずっと望ましい。みんなと同じように、リーダーは必死に道を切り開いてきて、自分の荷物は自分で運び、自分でコピーをとったことを知ってもらうのもいいかもしれない。ときには会社のカフェテリアで部下と食事をとるのも効果的だ。空調がききすぎたりきかなかったりするのにいっしょに耐えるのもいいだろう。有能なリーダーとは現実の人間だ。名前ではなく、一人の人間に先頭に立ってほしいと部下は願っている。リーダーの目標や精神や価値観を信頼したいし、一人の生身の人間として共感したいと思っているのだ。

部下はリーダーの成功を誇りに思っているものだ。わたしがテレビに出たり、活字でとりあげられるたびに、部下たちは誇らしげに友人や家族に話し、自分の会社全体の成功を楽しんでいた。しかし同時に、同じ道を歩いてくれる現実の人間についていきたいとも思っている。だからこそ、従業員とのちょっとした会話や、個人あるいはグループでの食事が、効果的にリーダーシップを発揮することに役立つ。「わたしが社長と話していたときに」と彼らは会話にさしはさむだろう。そして「わたしたちはひとつのチームで、社長は現実の人間だ」ということをほのめかすはずだ。

お手本になるには、健康的なライフスタイルを示すことが大切だと思う。会社の基準を設定する人間が、貧しい食生活だったらどうなるか、《ビジネスウィーク》誌で、わたしはこんなふうに述べた。「組織の上にも下にも、それが承認できる行動だと伝えることになるでしょう。スリムでいることは、外見や気分がいいという以上のことなのです……自分が自分らしくあるときに味わう付加的なエネルギー、健康の実感、幸福な気分や態度は、すぐれた効率的ビジネスの要なのです」

●**女性は男性に比べ、わたしよりもわたしたちを使うのが上手だ**　謙虚さはすぐれたリーダーの特質だ。彼らは他の人の手柄を自分のものにしたがらない。リーダーは個人の成果や成功ではなく、全社的な成果の責任を負わされる。したがって成果が出たら、従業員の仕事ぶりをほめちぎることができるだろう。

●**基本的に部下は高潔で正直なボスについていきたがる**　リーダーには、この重要な資質を社員の前で試される場面がたびたびある。リーダーは約束を守る人間であるべきだ。あらゆる犠牲を払って手に入れる成功もあれば、ルールを守って正々堂々と手に入れる成功もある。ただし、あらゆる犠牲を払う人間の多くが、この一〇年ほど、新聞の一面を飾るスキャンダルに巻きこまれていることは忘れないでほしい。

●**ユーモアセンスはぜひとも備えてほしい**　リーダーにとって不可欠な要素ではないが、ユーモアセンスは役に立つ。わたしはなにごとも大仰に考えすぎないようにと、いつも自分に言い聞かせている。ときどき肩の力を抜き、緊迫した状況や自分自身を笑い飛ばすのはいいことだ。あるいは職場で笑える場所を見つけるだけでもいい。

自然界ではリーダーシップのスキルは、ある程度遺伝子に組み込まれている。鶏の世界でも裏庭でえさを食べる順序があり、権力者の座が空くのを常に誰かが狙っている。こういう適者生存は、羊やライオンにもあてはまるかもしれない。しかし、現代の複雑なビジネス社会ではちがう。たしかに、生まれつきのリーダーも存在する。しかし、すぐれたビジネスリーダーになるには、多くの経験と修養が必要なのだ。スキルや才能はどの企業や職業でも通用するが、しだいに特別な経験が要求されるようになってきている。

わたしについて

綿密なリサーチをした『Women of Wine: The Rise of Women in the Global Wine Industry（世界的ワイン産業における女性たち）』（カリフォルニア大学出版）で、著者のアン・B・マタサーが、わたしのリーダーシップとマネジメントのスタイルについてとりあげている。「タフで真面目なエグゼクティブ」という言葉が注意を引いた。たしかに、そうだ（もっとも、わたしは眉間に縦皺を寄せていないし、笑いも歓迎している）。「職から職に移ることは好まず、従業員から完璧な忠誠を期待し、去る者をふたたび雇おうとはしない。〝最高の人間は成長し、残りは去る〟というモットーを利用して、内部から昇進させる……常に楽観的で、決してひるまない……ミレイユは粘り強く、女性であることを障害にせずに、めざす地点に到達する方法を見つけだす。スタッフには彼女を愛せとは言わないが、尊敬することを求める」たしかに、あらゆる点で身に覚えがある。これがわたしだ、まちがいなく。

わたしは少なくとも自分自身と従業員に対してはタフで真面目なボスだった。それ以外に女性が職場でぬきんでて、自尊心を保てる方法があるだろうか？　わが社は従業員にいい給与を払い、たくさんの能力開発プログラムや研修を受けさせ、多くの特権を与えていた。そして、たしかにわたしは粘り強く、正直だった。自分が口にすることはちゃんと理解しているし、自尊心が邪魔をして知らないことを聞けないなどということはない。それを誰もが知っていた。従業員は常に自分の立場をわきまえ、何が期待されているかを把握していた。正直なところ、わたしは愚かな人間にはあまり忍耐強くないし、駆け引きするうさんくさい人間を嫌悪している。怠惰？　とんでもない。長年のあいだには、さんざん苦しい言い訳を聞いてきた。しかし、決して怒鳴らなかった。そしてミズ・マタサーの本からあらためて引用するなら、「働きすぎを避け、生活のバランスをとらなくてはならない」と信じている。

わたしを無能なボスだと考えたり、もっとちゃんと仕事ができるはずだと思っていたりする部下たちは常にいる、という現実を学んだ。彼らはろくに知らない仕事について結論を引き出したか、CEOの決定に影響する部外秘の要因について知らないかだった。わが社の成功はゆるぎなく、傑出していたので、従業員の八〇%は会社のビジョン、戦略、文化、リーダーシップ、マネジメントを尊敬し賞賛していた。しかし、残りの二〇%に、わたしに対する反感を持たせておくわけにいかなかった(その二〇%はたいてい沈黙しているが、必ず存在した)。

ではここで、有名な「八〇対二〇のルール」を応用してみよう。これは広く適用されている原則で、意味のあるものとさほど重要ではないものを八〇%と二〇%、ときには二〇%と八〇%に分けるものだ。こんなふうに表現されるのを耳にしたことがあるだろう。われわれの製品の二〇%がわが社の売上の八〇%を占めている。あるいは販売店、卸売業者の二〇%が売上の八〇%を担っている。あるいはスタッフの二〇%が売上の八〇%を稼いでいる。

スタッフの二〇%が、批判や不平の八〇%の原因になっているのを見たことがある。その二〇%について心配することもできるし、残りの八〇%についてだけを考えることもできる。おおらかなリーダーは常に批判に耳を傾け、的を射ているならそこから学ぶことができるが、たんなる騒音も常に二〇％存在すると承知している。だから、あまり個人的に落ちこんだり、もっと重要な仕事から注意が逸れたりしないようにしよう。そして、言うまでもないが、可能なら耳を傾け、その騒音の源をとり除こう。

ビジネスの教訓。①鈍感になること。②二〇％の騒音をあまり気にしすぎないこと。③あなたがコントロールできない事柄に精神的、肉体的エネルギーを注がないこと。④ポジティブな面だけを考えること。

わたしのリーダーシップ・スタイルはもちろんわたしの個性から生じたものだが、見聞きしたり本で読んだりしたすばらしいリーダーたちから学んだものでもある。しかしおもに、他人を——ほぼ全員が男性だった——観察して、何をしてはならないかを学び、心に銘記した。女性の役割モデルはあまり多くない。予期せぬ影響をもたらさずにどう自己主張したらいいかを教えてくれる人は、誰もいなかった。女性らしくふるまい、同時に有能であるにはどうしたらいいのか？　男性同僚からの陳腐な人物評をやわらげるにはどうしたらいいか？　ボスだということをひけらかさずに、穏やかに会議をコントロールし、人々に時間どおりに集まらせるにはどうしたらいいか？あまり女性のいない職場やビジネスの場で、プライベートと仕事のあいだにどう線を引けばいいのか？

複雑で微妙な問題がたくさんあり、若い女性が女性のガイドや役割モデルなしに自分自身のリーダーシップ・スタイルに挑戦するのは、地雷原を歩くようなものだ。男性のボスは、女性管理職が感じたり直面したりする困難を理解しない。したがって、スタイルを確立させようとしているあいだ、若いリーダーは絶対にボスに味方になってもらい、支持してもらう必要がある。その支援の壁にわずかでもひびが入っているのを発見すれば、対立者たちに利用されてしまうだろう。

マネジメント

この章はリーダーとマネジャーには別の資質が求められるという提言で始めた。マネジャーはリーダーとしての役割をほとんど果たさないという意味ではなく、マネジャーはおもに人々や成果を管理するのだ。マネジメントのスキルはリーダーシップのスキルと同じではない。すぐれたリーダーは、ときに悪名高いマネジャーになることもある。

本書はマネジメントの教本ではないが、わたしにとって数えきれないほど役に立ってくれた三つの便利な法則をご紹介したい。ただし、すでに述べた重要なポイント、コミュニケーション・スキルについてはここであらためて触れない。

第一の法則。**人を雇うことは、マネジャーのもっとも重要な仕事である**。いわば船にふさわしい人を乗せるということだ。ビジネスの船においては、最初にふさわしい人たちを船に乗せてから、ビジョンや作戦を立てるべきか、あるいはビジョンや作戦を立ててから、それにあった人たちを探すべきか、議論されることがある。後者のほうがわたしには筋道が立っているように思えるが、『ビジョナリー・カンパニー2――飛躍の法則』の著者ジム・コリンズは、前者のほうがいい結果を出していると述べている。もちろん、これはあなたが従業員ゼロから始められるか、誰でも解雇できて好きな人間を雇える、という前提に立った学問的な議論である。現実の雇用は雑草をむしるように、えんえんと繰り返されるものだ。

第二の法則は第一と密接な関係がある。**人材は組織のもっとも大切な資産だ**。そして船は走っているので、**あなたは常に新しい才能とスキルを必要とする**。これはわたしが学んだマネジメントにおけるもっとも重要な教訓だ。あなたがX規模のマーケットシェアのあるX規模の会社に勤め、X規模の問題を抱えているなら、Xにふさわしいメンバーが必要だ。あなたがYに成長したら、全メンバーがふさわしいとは言えなくなるだろう。さらにZに成長するか変化したら、たくさんの新しいスタッフが必要となるはずだ。全メンバーがXからZに成長するとは限らないからだ。というのも、当初のスタッフはそれほど大きな挑戦をしてきていないし、Zレベルの会社を管理する経験をしていないからだ。新規の会社は成功すれば通常、立ち上げ時の人材やスキルでは足りなくなる。船でたとえれば、あなたに必要なのは、高波でも船を上手に操れるスキルを持った人々だ。

マネジャーとしていちばん苦しいのは、あなたの部署や会社をここまで大きくするのによく働いてくれた同僚に、さよならを告げることだろう。しかし、いまや新しいレベルに到達するために必要な新しいスタッフが必要なのだ。その事情を、とりわけ中期から長期にわたって働いてきた人々にはていねいに説明しよう。彼らはおそらく、不要なのはあなたであって自分たちではないと考えるだろう。実際には、あなたの会社は彼らを必要としなくなったのだ。個人的なことではない。しかし、彼らが納得して去っていくように説明する努力をすることだ。首尾よく運べば、その人物は新組織での新しい役割をうまく演じることができるかもしれない。

同じような状況で、ポジションが空いたとき、すぐれた従業員は自分こそが適任だと考えるかもしれない。しかし、あなたは外にもっとスキルと経験を持った人材を求めたほうが、会社により貢献できると考えている。その人物にノーということは、彼にさよならを告げるのと同じだ。なぜなら誰かの昇進を拒んだときは、新しい仕事を探すように告げているも同然だからだ。あるいは、その決定によって、彼らが遅かれ早かれ去っていくことを覚悟しなくてはならない。

魅力的で才能のある広報とマーケティングのマネジャーを部下にしたことがある。彼女は時期尚早にトップの地位を求めた（わたしはまだ早いと知っていたが、彼女にはわかっていなかった）。さらに彼女は、同僚たちが彼女をリーダーとして見てくれない状況に憤りも感じていた。こういう状況は、新たな場所を見つけ、新たなスタートを切る潮時と解釈できるだろう。一年もしないうちに彼女は転職し、経験値を高め、さらに転職して求めていた仕事についた。その後、彼女に会うたびに、わたしはうれしくなる。彼女もそうだと思う。

こういう状況と部下を扱う際のアドバイスはごく単純だ。結論を急がないこと。ただし、決定に自信があるなら迷わないこと。ボスが決心を変えるかもしれないと、彼らに誤った期待を抱かせてはならない。もちろん威厳と敬意をもって部下を扱い、彼らが新しい場所でやっていくためにできるだけ力を貸す。同僚の前では彼らを礼儀正しく扱い、去ったあとも決して悪口を言わない。長く働いた従業員なら、解雇の半年前には腹を割って話し合う必要があるだろう。まだ雇われているあいだに、新しい仕事を探す時間を与えるためだ。

ただし、その人間から目を離さないこと。辞めるつもりでいる人間は危険だし、誰とも仕事をしたがらないものだからだ。いきなり解雇を告げるほうがいいと判断したら、転職を楽にするために充分な補償金を払わなくてはならない。さらに、彼らが部署や会社になんらかの被害を与えるからというより、彼らの存在そのものが同僚や会社の事業に与える打撃のせいで、その日の五時までに出ていくように告げなくてはならないこともある。結局のところ、もはや会社にふさわしくない人々を相手にするときは、りっぱな推薦状を与えることはその場しのぎでしかない。

さて、雇用の件に戻ろう。まず、雇用はもっとも重要な任務だ。あせってはならない。雇用は大変な仕事だし、時間もお金もかかる。埋めなくてはならない空きがあって、他の人々が余分な労働をしているときにはプレッシャーがかかりがちだ。しかし正しい雇用はコストを抑えられ、時間の節約になる。したがって候補者が適材だと思えなければ見送ろう。

次に、長期ではなく、だいたい一年から三年ぐらいの期間の特別に緊急な必要性から雇うのだと認識しよう。三年後にそのポジションが存在しているか、あるいは必要なスキルと経験が会社のために発揮されるかどうかすらわからないのだから。半年たたずにフルスピードで働ける人材を選ぼう。現在の状況にいちばんふさわしい人間を雇うことは、常に最高の作戦となる。そして最高の才能とは、あなたとうまくやっていける才能のある人間であることも含んでいる。

また、雇用は科学と同じような技術であることを忘れないように。一〇回のうち九回うまくやれれば、九〇％の成功率だ。自分にAをあげよう。雇用でのわたしの決断のいくつかは、のちにまちがっていたことが判明した。かなりたってから、ビジネスでは一〇〇％実現するという、理論上の理想を期待してはならないことを悟った。九〇％でも表彰ものだが、頑固な完璧主義者は失敗したことばかり考え、自滅しかねない。

最後に、あなたか人事部が履歴書によって最終選考者をしぼったあとでは、候補者たち全員に選ばれる資格があることを忘れないようにしよう。つまり、彼ら全員に、あなたがその仕事に求めているスキルと経験があるのだ。最初の面接はそれを確認するものだが、最終面接は能力があるかどうかで選ぶのではない。その人物を面接した同僚からの情報は、全体像をつかむのに役に立つかもしれないが、結局、その人物があなたの直属の部下になるなら、居心地のいい相手を選ぼう。

部下としてふさわしい人材を見つけるのに、わたしはあるテクニックを活用する。最終面接をランチか、ときにはディナーをとりながら行うのだ。たいてい候補者にいくつかのレストランを提案し選択させる（その答えから多くのことがわかる）。食事の席で、彼らがどのぐらい不器用か、あるいは洗練されているかがわかるし、リラックスして会話を運ぶ能力があるかどうかもわかる。さまざまな話題についてどのぐらい知識があるか、ユーモアや誠実さについてもわかる。この人物といっしょに過ごし、ビジネスで食事をともにすることが不快ではないかどうかもほぼわかる。さらにこの人物に、オフィス外の場で、あなたとあなたの会社の代理がつとまるかどうかも見極められる。

履歴書を読むことに比べ、それは驚くほどいろいろなことを伝えてくれる。夫婦で引っ越してくるなら、配偶者に会うことも重要な手順だろう。部下の配偶者はビジネスに関して部下とある程度話すことになるし、ビジネスの行事にも出席するだろう。採用を成功させるためには、パートナーがその引っ越しを快く思っていることが重要だ。少し余分な注意を払うことで成功につながるのである。さらにもうひとつ、人材採用のプロセスに加えていただきたいことがある。

組織的な才能

第三の法則は、**有能なマネジャーはすぐれた時間優先のマネジメントをする**ということだ。

会社が最大の利益をあげられるようにおのおの社員に期待される成果について考えてもらうため、わたしは一年に一度、明確な判断基準を与えるようにしていた。そうせざるをえなかった。というのも多くの従業員は、自分が好きなことや得意なことばかりに目が向いていたからだ。あるいは効率の悪い働き方をしていた。たとえば輸出可能な量以上に、特定のワインを強欲に売りたがる販売業者がいた。だが、彼らは予算計画において、配達が可能かどうかを検討することは忘れているようだった。

効率的な時間優先のマネジメント・スキルは、大学では学べない。実践によって自然に身につけるか、会社のスタッフ教育を通して学ぶしかない。そして、その過程では、教え導いてくれるすぐれたマネジャーが必要だ。

時間優先のマネジメントがそれほど重要ではなく、実現できないようなスキルなら、スティーブン・コヴィーの『7つの習慣』は何百万部も売れなかっただろう。これはすぐれた信頼できる本でお勧めだが、必ずしも情報を得るために本やその他のメディアを利用しなくてもかまわない（本の著者の言葉にしては矛盾があると承知しているが、この一文を読んだということは、まちがいなくあなたは活字から知識を得るタイプにちがいない）。従業員に幅広く伝達したければ、強制的なワークショップを組み入れるか、年に一度の見直しの時期に、マネジャーの翌年の個人的な啓発プランに時間優先のマネジメントを加えさせよう。

わたしはどちらも試した。結局、時間優先のマネジメント・スキルをより意識させ適用させるためにもっとも有効だったのは、全従業員にコヴィーの本の縮約オーディオ版を与え、車や地下鉄や飛行機で聞かせることだった。ささいなこと、中断、非生産的な活動に多くの時間を浪費していることを悟らせ、準備、予防、計画、人間関係の構築にもっと時間を割くことを認識させるだけで、従業員は変わってくる。

ある意味で、時間優先のマネジメントは成功と幸福の鍵だ。ビジネスでも人生でも、たっぷり時間があるわけではない。しかしバランスと幸福を手に入れられたのは、過ぎた時間を後悔するのではなく、時間を優先し上手に利用したおかげだ。それがマネジメントの法則なのである。

8

禅とビジネスライフの技術

　ある日、ニューヨークのクリコ社のオフィスにいると、ロンドンからいきなり電話がかかってきた。電話の相手は「わたしの哲学」というテーマで女性たちに講演してほしいといった。ちょうど『フランス女性は太らない』がイギリスでベストセラーになった頃で、電話をかけてきたのは講演事務局の人間だった。ロンドン郊外で行われる会議で、管理職の女性たちに基調講演をしてもらえないか？　それは生涯にわたるマネジメント戦略をテーマにした研修会議だった。おもしろそうだったので、さらにいくつかの詳細を聞いてから、わたしはふたつの条件つきで引き受けた。ひとつ目はわが社のシャンパンを出すこと。ふたつ目は毎月のヨーロッパ出張の最初か最後にスケジューリングしてもらうこと。それができるなら、引き受ける。うまくいった。

その女性グループは有名な投資銀行の人々だとわかった。研修に集まった若く聡明な女性たちは、燃え尽きかけた投資銀行員だった。まちがいなく、おしゃれな研修施設の目的は、お金をかけて高度に訓練された才能を引き留めるためだろう。この女性たちにとってお金は問題ではなかった。彼女たちは高給とりだったが、それを使う時間がなかった。カントリーハウスやコテージを所有している人もいたが、ほとんど行けなかった。夫や子どもともめったに会えない。彼女たちはもうこれ以上の企業の恩典にあずかりたくなかった。スパつきの贅沢な施設ですら、ストレスを感じている人もいた。彼女たちは人生をとり戻したがっていた。そしてあきらかに、そのために多くが辞めるつもりでいた。

もちろん、ワーク・ライフ・バランスをとることは、現代の労働者全員が悪戦苦闘している問題だが、とりわけ女性にとっては大きな課題だ。「ワーク・ライフ」という表現は、まさに一世代前の働く母親の奮闘に由来したものだ。人材に投資する〝賢明な〟企業は、その問題に目を向け解決策を模索している。なぜならそれが人材の採用と定着の課題になっているからだ。同時に、健康管理のコストと損失時間を考慮した生産性の課題でもある。さらに、カスタマーサービスや人間関係にも悪影響をおよぼしかねない。アメリカの場合、これは次世代の人材の問題にもつながる。七七〇〇万人のベビーブーマーが引退するが、四四〇〇万人しか補充できないと推測されているのだ（もっともアメリカは必要とあらば、いつも海外からの才能に頼っているが）。

現在、仕事先やオフィスで過ごす時間はじりじりと昔の水準に戻っていて、一日に一〇時間、週に六日労働が農業でも工業でも受け入れられている。だが、そうした労働時間すべてが生産的であるとは考えがたい。今よりもっと多くの女性が経営陣に加わったら、午後七時あるいは午前七時の会議がこれほど頻繁に開かれるだろうか？疑わしい。フランスの管理職の同僚たちが午後八時にオフィスで仕事をしていることに、わたしはいつも驚きを覚える。日本の管理職たちは、ボスが帰るまでは絶対にオフィスを出ないというのにも唖然とする。若いスタッフがもっと早く仕事を終えるのではないかと期待して、わたしは意識して早めに家に帰るようになった。もっと仕事をしていこうと思えば、やるべき仕事はいくらでも出てくるものだ。

長時間、家と私生活から離れてオフィスにいることも大変だが、そこに通勤の時間とストレスも加わる。ニューヨークでは通勤時間が片道一時間以上というのはざらだ。インターネット、スマートフォン、デスクトップパソコンのビデオ会議、その他の通信技術のおかげで、常に仕事と結びつけられているように思える。午後にホテルのプールに行けば、休暇をとっているらしい人々のあいだで、ビジネス取引が行われているのを耳にするだろう。これもまた経済がグローバルになった結果である。国際的ビジネスは地方の祝祭日、時差、プライベートを考慮に入れない。少なくとも年に二度、わたしは真夜中に電話でたたき起こされる。世界のどこかにいる人間は仕事に打ちこむあまり、わたしが寝ていることを忘れてしまうのだろう。

個人的な時間を奪い、仕事時間を増やすもうひとつの原因は、きわめて複雑なプライベートだ。いっしょに暮らすカップルは、通常、ふたつのキャリアに挑戦しなくてはならない。わたしの場合も、夫のスケジュールにあわせることはチェスゲームのようで、彼が遅かったり出張だったりすると、こちらもしばしば長時間労働をしてしまうという罠に落ちた。要するに、週に六日以上の六〇時間労働は、責任ある管理職にとってはおおいにありうる現実なのだ。それでは体を壊してしまい何年も続けられないだろう。そもそも、それ以上労働時間を増やさないことのほうが大変だという現状は問題だ。パートタイマーですら残業をしてその限度を超えかねない。正社員に残業代を払うより、彼らを雇うほうが会社にとっては経費がかからないからだ。

カップルはバランスをとり、いっしょに過ごす時間を作る努力をしなくてはならないだろう。あるとき、仕事で出張が頻繁に入るカップルとレストランで隣り合わせになったことがある。ディナーをいっしょにとろうとすると、たいてい二、三カ月先になるようだった。二人は電子スケジュール帳をとりだし、日付と都市を読み上げ、こう謝りあっていた。「いっしょに過ごせるのは何カ月も先になりそうね」

さらに極端なケースも知っている。聡明で仕事熱心なある女性は、ウォール・ストリートの会社でデリバティブの仕事を長時間していた。彼女は自分を守るために、びっくりするほどお金がかかるが、ニューイングランドの高級ホテルに最高のスイートルームを少なくとも月に一度、あるいは二度も予約した。だが彼女と夫はそこにおそらく二回のうち一回ぐらいしか行けないだろうし、ぎりぎりにならないと予定は立たなかった。予約したけれど使わなかった部屋の料金を払わなくてはならないこともあった。高い代償だが、彼女がバランスを保ちリラックスするためには、それだけの価値があったのだ。あなたの人間関係が心のよりどころのひとつで、人生でもっとも重要なものに感じられるなら、保険の形でときには代償を払わねばならない。

エドワードとわたしは、連続して五日間以上は離れないというルールを作った。海外出張が増えるにつれ、一、二泊が六、七泊になり、離ればなれでいることが耐えがたくなったからだ。長い別離はそうしょっちゅうあるわけではなかったが、そのルールのせいで、片方がもう片方のいる都市に、たいてい週末に二日間行くことになった。アリゾナのフェニックス空港で、別々の都市からのお互いの飛行機が数分ちがいで隣のゲートに到着するというスケジュールを立てたことがある。その後、別々の方向に去るまでの四八時間は、それだけの努力の価値があった。もしかしたらとんでもない贅沢に聞こえるかもしれないが、このすばらしくロマンチックな「ミニ休暇」は忘れがたい、とても大切なものだった。

これはたしかにお金がかかり、誰にでもできることではないかもしれない。しかし幸いなことに、メール、ボイスメール、スマートフォンなどがある現代社会では、つながっていることがはるかに楽になっている。わたしは好きなときにエドワードに電話できないが、二人のためのブログを作ったので、物理的に離れていても、これまで以上につながっていられるようになった。じかに会うことにはかなわないが、バランスを保つことには役立っている。

もし緊急な仕事で愛する人とずっと離れることになったら、いっしょにいられるときには、必ず上質な時間を過ごせるように計画を立てよう。お金ではなく、時間を費やす必要があるのだ。長い散歩、映画に行く夜、毎月子どもたち抜きの二人だけの夜の外出を計画しよう。

この数十年、ワーキングマザーの増加にともない、企業と政府はワーク・ライフ・バランスの実践に取り組んできた。より手厚い産前・産後休暇、フレックスタイム、従業員アシスタントプログラム、企業内の保育サービス、セクシャル・ハラスメントについてのより進んだ方針や警告、雇用における年齢差別禁止法、自宅勤務の選択肢、長期休暇などが登場している。それでも、職場でのストレスは減らず、個人的な時間も増えていない。こうした方針は、ほとんどの従業員にとってあまり役に立っていないのではないかと思う。周囲を見ても、幼い子どものいる同僚はあまり多くない。

組織に全員のアンバランスを補うことを期待するのは不可能だ。カウンセリングや研修プログラムが増え、さまざまな研究や書物やオンラインでも、ワーク・ライフ・バランスの問題をますます扱うようになっている。しかし、どれも同じ自明の結論を示している。万能な解決策など存在しないのだ。状況は一人ひとりがちがう。必要とするものも興味もちがう。期待も責任もちがう。自分自身のために、最良のワーク・ライフ・バランスを得るための作戦を立てるしかないのである。

よりどころ

ニューヨークにいるときは毎週土曜の朝、わたしはユニオンスクエアの青物市場に行く。ここでは近隣の農場主や生産者が屋台を並べ、オーガニックで伝統的な食品を売っている。どのブースにも白いテントのような天蓋がついていて、人々と商品を直射日光と雨から、ときには雪からも守っている。また風に吹き飛ばされないように、天蓋の支柱の足もとには重りを入れた袋が置かれている。重りは四本の支柱すべてにつけなくてはならない。一本か二本がちゃんと固定されていなかったために起きた悲劇を目の当たりにしたことがある。

この四本の支柱と大切な重りは、ワーク・ライフ・バランスを支える存在を連想させる。四つの要素はすなわち、**①健康、②友人や家族の機能的な社交ネットワーク、③堅実な雇用環境、④自分自身のための時間、空間、主義、方針**。これらはときに謎めいたやり方で相互に機能する。より強力な重りがもっと軽い重りを埋め合わせることはできるが、そのときにはストレスが表に出ているだろう。重りをひとつ失えば、あなたは風に翻弄されバランスを失う。

四つの重りをよく観察し、強化することで、安定したワーク・ライフ・バランスが得られるだろう。とりわけストレスの多い時期や状況には、特別に短期の作戦が必要だ。つらい時期には、バランスを保つことをぜひとも忘れないようにしたい。たとえば経済状況の悪化は、仕事でも家庭でもストレスを増やすからだ。

次の章で、ワーク・ライフ・バランスが崩れた際の実践的な対策を紹介しよう。だが、とりあえずここではもっとも重要な全体像を見ていこう。

ストレスと健康

健康を保つことはいうまでもなく重要だが、実際に病気になるまで無視されがちだ。二〇代から三〇代の女性は健康であることが当然とみなされているし、実際、大半の女性にとって人生でもっとも健康でいられる時期である。ストレスを受けると健康が損なわれ、判断力が鈍り、仕事の能率が悪くなり、免疫力も落ちる。体重も増加する。アメリカ人の調査では、二人に一人がストレスのせいで健康的でない食べ物を食べすぎているという。

もちろん、ストレスが生産的に働くこともありうる。ストレスがかかると、生体防御機能が働いて、心拍数を上げる物質が血中に放出される。肺や筋肉にはより多くの酸素が送りこまれ、脂肪から糖やエネルギーを放出する。ひとつ払わねばならない代償は、免疫システムの働きが悪くなることだ。わたしたちを駆り立て、締切に間に合わせたり、特別なプロジェクトを完成させたりするストレスを歓迎する人もいる。しかし、あまり頻繁だと病気になる。防御機能が低下してしまうのだ。

女性のストレス反応は男性よりも強く出る。女性はコルチゾールレベルがより高いからだ。コルチゾールは大量に分泌されると血圧や血糖値を上げ、免疫機能の低下を招く。さらに、女性ホルモンのエストロゲンとプロゲステロンがコルチゾールのように働くので、月経前や強いストレスがかかったとき、ありふれた風邪から癌や喘息にいたるまで、あらゆるものにかかりやすくなる。不要なストレスをなくすことは、とてもいいことだ。それはさらにおなかの脂肪を減らす。少なくとも脂肪がつくことを防いでくれる。最近の研究ではストレスホルモンのコルチゾールは、おなかに脂肪をつけるというのだ！　そして大きな胴回りは医学的に有害である。

親友

あなたは誰を信用しますか？　その質問に、わたしは夫がよく引用するイギリスの詩人マシュー・アーノルドの『ドーバー海岸』の一節を思い出す。

愛する人よ、お互いに忠実でいよう。眼前に広がる世界は多様で、美しく、目新しい夢の国に見えるが、実は喜びもなく、愛もなく、光もない。確かさも、平和も、苦しみに対する救いもないのだ。わたしたちの今いる場所は、錯綜する闘争と逃走の警報に追い回され、夜陰に無知な軍隊が衝突する暗い平原なのだ。

居心地《ビアン・ダン・サ・ポー》よく過ごすため、人生にバランスを保つためには、少なくとも、愛し信頼できる親密な人々からなる小さな社交的ネットワークが必要だ。さらに、気楽に話せ、いっしょにいて楽しい人々のもう少し大きなネットワークも。つまり、親密な仮面（ペルソナ）をつけることができるグループが必要なのである。それはオフィスや同僚といっしょのときにつける仮面とはちがう。仕事でも本当の自分でいるかもしれないが、やはりそれとは異なるものだ。

親戚、パートナー、配偶者ならあきらかに、第一に信頼できる相手になれるだろう。ただし、そのレベルの親密さは、ごく親しい友人一人か二人にしかかなえられないものだ。経験や心理学、それに数々のトークショーから、ストレスについて話すことが助けになると知ってはいても、実際にその話し相手になってくれる人が身近に必要だ。まさにそのときこそ、親しい友だちやオフィス外でのサポートネットワークが威力を発揮するのである。職場での同僚のサポートグループは、仕事がらみの問題では助けになるが、仕事とは無関係な、客観的な意見をいってくれ精神的支えになってくれるグループが必要だ。サポートを受けられるとわかっているだけでストレスは減る。重りがきちんと設置されていないと、あなたのストレスレベルは不健康なほど高まってしまうだろう。

オフィスの基盤

多くの人にとって、オフィスで一日の大半を過ごすのはいいことだ。仕事は人に自尊心、社会的つながり、日々の満足を与え、人生におけるさまざまな段階——独身でも結婚していても離婚していても、子どもがいてもいなくても、子どもが育ったあとでも、未亡人でも——における必要を満たしてくれる。だからこそ、ワーク・ライフ・バランスをとるための作戦は、人それぞれでちがうのだ。

四つの重りの中で、あなたの仕事とキャリアはいちばん簡単にテストできる。鏡をのぞいてみよう。目にしたものに満足だろうか？　毎日の仕事に幸せを感じているだろうか？　来年あるいは再来年も、同じような仕事をしていることが想像できるだろうか？　この会社にあなたが望んでいるような未来があるだろうか？　働いている会社に、また、それが生みだしているものに誇りを持てるだろうか？　直属のボスや経営陣を尊敬できるだろうか？　仕事は大変でも達成可能だろうか？　同僚と協力して効率的に仕事をしているだろうか？　あなたは敬意を持って扱われているだろうか？　報酬は他社並で公正か？　人材開発プログラムは、あなたにとって意味があるか？

これらの質問に対して心から「イエス」と答えられるなら、たぶんあなたにふさわしい仕事についているのだろう。そうでなければ、あなたのバランスを改善するために何をするべきかわかっているはずだ。あなたの重りのひとつがぐらついているのだから。この自己テストをするまでもなく、ふさわしい仕事についているかどうか、すでにわかっているかもしれない。ただし、ストレスとアンバランスのすべてを仕事のせいにしないように。これは優先順位、時間管理、その他の重りを見直すきっかけにすぎない。

個人的な禅

必要なワーク・ライフ・バランスをもたらす四つすべての重りは等しく重要だが、あなたという重りは時間優先のマネジメントでは迷子になってしまいがちだ。あなたは仕事に行かなくてはならず、母親やパートナーと話さなくてはならず、家族がいるなら食事を作らねばならず、もちろん睡眠もとらなくてはならない。しかし、自分自身のために何かをしなくてはならないとはめったに考えない。散歩をするとか、本を読むとか、マッサージを受けるとか。それがまちがいだということを、わたしは何年もかかって悟った。誰もが経験から、あるいは聞いたり読んだりして、その必要性については知っているはずだ。しかし、わたしは生活と仕事に追われて、だいぶたってからそれを実感した。もっと早く、気分がよくなり自分に対する評価が上がるようなささやかなごほうびを自分自身に与えるべきだった。いったん認識すれば、この自尊心と自己愛の組み合わせを重視するようになるだろう。

多くの人は誰にも親切であろうとして、すべての時間を捧げてしまう。これはスーパーウーマンの特性だ。自分自身よりも他人を甘やかすことが、遺伝子に組みこまれているのだろう。あなたは他人よりも自分を優先することに罪悪感を覚えたりしていないだろうか？　配偶者、子ども、両親、ボスといった他人の目から自分自身や幸福を定義していないだろうか？　自分自身のために時間を作り、他人よりもときには自分を優先させてもうしろめたく感じないこと——このアドバイスはよく口にされるが、あなたはそれを聞き入れ従っただろうか？　自分に問いかけてみよう。何があなたを幸せにするのか？　あなたの心の中心にあるものは何か？　夫やボーイフレンドが山に登りたがったり、フライフィッシングをしたがったりしたらどうするか？　どうぞ。気が進まないなら、あなたはやる必要はない。妹がローラーブレードが好きなら、どうぞ。あなたがやりたいものは何だろう？　わたしには五〇歳で競技社交ダンスを始めた友人がいる……夫抜きで。

人からどう思われるかという心配から解放され、今このひとときを生きるようにしなくてはならない。それを「禅的なひととき」と呼ぼう。自意識をなくし、頭を空っぽにして、現在を受け入れる。ストレスが溶けていくのを感じることができるだろう。それはあなたの時間だ。あなたは無我になり、自分自身を発見することができる。スケジュールには毎日一度、あるいは定期的に「ビーチの時間」を、すなわちひっそりと過ごす時間をとろう。それによって、生活の中で健康的なバランスのとれた喜びを手に入れることができる。音楽を聞くことでもいいし、何も考えずに家事をこなすことでもいい。スマートフォンやインターネットの電源を定期的に決まった時間だけ切ることでもかまわない。頭の中が不安やストレスでいっぱいでも、ちょっと訓練すればビーチに行くことができるのだ。

わたしは小説を読んだり、ｉＰｏｄでイタリア語のレッスンを聞いたり、ヨガをやって瞑想をしたり、音楽を聴いたり演奏したりしている。音楽はまさに体のリズムとシンクロして、精神を安らかにしてくれる。心拍、血圧、脳波、呼吸、すべてが健康的なレベルになる。特別な趣味を見つけ、それに打ちこんで、安らげるひとときを見つけよう。それは健康的なことだ。

9

ストレスを減らすための技術

この一〇年、朝食前に散歩をしている。一日とわたしの精神をコントロールするためのもっとも重要な「作戦」なのだ。ちょっとした運動によって穏やかに目覚め、禅的なひとときを過ごすことで頭をすっきりさせる効果もある。その後、気分がさわやかになり、これからの一日にポジティブに向きあえる感じがする。天気の悪い日は散歩の代わりに二〇分のヨガをする。散歩の前にヨガをするときもある。二〇代、三〇代にはしなかったことだ。あなたも自分のプライベートと仕事におけるエピソードとステージに従い、バランスをとるのに役立つものを見つけなくてはならない。

怒りはいつ許容限度を超えてストレスになり、職場や自宅のストレスはどの時点で病気になるのだろうか？　女性が仕事に出て教育や企業の出世の階段をのぼっていくにつれ、この手の問題が噴出してきた。この数十年、アメリカの労働者の一〇人中四人がしばしばストレスを感じると言い、一〇人中八人が仕事でストレスを感じている。意外ではない。

誰もがストレスを抱えている。中には有用なものもあるし、軽い中毒になるものさえあるが、ストレスについて心配することはやはりストレスだ。ストレスに対応することもストレスだ。ことにストレスをなくすことができないなら。そこで、わたしは基本的に「ストレスの陰に潜んでいる理由を突き止めて対処する」という古典的なアドバイスに従っている。ただし段階を踏んで。劇的な変化や、同時にたくさんの変化が起きることに人は耐えられない。だから、少しずつ変えていくべきだ。

まず、ストレスの原因になっていることを三つ見つけよう。そして、さらに三つ。そして、また三つ。そうしたら、もうストレスを作りださなくなったと勝利宣言ができる。ステレスを減らすために何が役立つだろう？　ストレスを一五％減らすには？　三〇％では？　五〇％では？　現実的になれば、五〇％だと大手術になり、キャリアや環境を変えざるをえない（これもまた長期にわたるストレスの原因になる）。わたしは五～一〇％の調整が役立つと信じている。それを短期プランと呼ぼう（これもまた八〇対二〇のルールの例だ）。生活におけるストレスに対処する短期プランは一年かかることもあり、さまざまな段階があり、再スタートする前に毎年方針を見直す必要がある。猛烈なストレスを感じているときは、当然短期プランはさしせまったものになる――たとえば五分以内に、あるいは、その日の終わりまでに、来週までに調整が必要だ。

あなたにストレスを与えている原因は何だろう？　お気づきのように、わたしは「自分自身を知る」ことを信奉している。そのためには客観的で私的な棚卸しをしなければならない。たとえば食生活での〝悪者〟を突き止めて、減らしたりなくしたりすれば、簡単に体重を二、三キロ減らせる。おそらく、あまり意識せずに、寝る前に週に数回、ボウル一杯のアイスクリームを食べているのかもしれないし、毎日おやつに食べるヨーグルトには、コーンシロップ、カロリー、人工香料がどっさり加えられているのかもしれない。わたしは映画《カサブランカ》のせりふが好きだ。「いつもの要注意連中を一斉検挙せよ」。私的な棚卸しをして、ウエストかストレス、あるいはその両方を減らしたいときには、これはいい方法である。

お勧めしたいのは、二週間にわたってストレスと不安の原因となるものを書きだしていくことだ。つまり、化学物質を血管に送りこみ、心拍数を上げるもの、あなたの気に入らない行動をとらせる原因となるもの。頭の中だけでメモをとらずに、きちんと紙に書いてみよう。想像しているよりも少ない努力で、誰もがストレスを減らせるはずだ。というのも、実に馬鹿馬鹿しいことのせいでストレスを感じているものだからだ。さらに時間優先のマネジメントは、もっとも有効なストレスバスターだということを覚えておこう。もちろん四〇キロの減量が必要だったり、重度の抑鬱状態だったり、ときには日常生活が機能しないほどのストレスを受けていたりするなら、専門家の助けを求めたほうがいい。

いい旅を

わたしのストレスリストには何が載っているのか？　旅行がまず筆頭に挙げられる。旅行が好きで、ビジネスのために頻繁に出張しなくてはならない人間が、旅行をストレスリストに入れるのは奇妙に思えるかもしれない。わたしは旅好きだが、移動が好きというわけではない。つまり、目的地があればこそ、旅行が好きなのだ。

空の旅でロストバゲージの経験があるだろうか？　だとしたら、おそらく荷物を預けることに不安を覚えるだろう。でも、わたしは大丈夫。なぜなら機内持ち込み手荷物だけで旅をするからだ。どうしてそんなことが可能なのか？　何年も前のある夏、二度も航空会社に荷物をなくされたことが身にしみているからだ。一度は結婚式に向かう途中だった。二度とごめんだ。それ以来キャスターつきの機内持ち込み用スーツケースと、その上にぴったりおさまり、頭上の棚に入れられる大きなハンドバッグで世界じゅうを飛び回っている。本当にそれは可能なのだ。頭を使って荷造りをして、一着でふたつの役目を果たす衣類をいくつか持っていく。皺にならず超軽量のイッセイミヤケのパンツスーツは必ずスーツケースに入れるようにしている。それに黒や単色のドレスをさまざまな服に変えてしまう数枚のスカーフも。

荷物を預けないことで莫大な時間が節約され、そのストレスがなくなった。しかも、到着した空港からすぐに出られるのはすばらしいことだ。荷物コンベヤーがぐるぐる回るのを見つめながら、自分の荷物がちゃんとあるかしらと気をもむこともない。

しかし、もうひとつコツがある。手荷物におさまりきらないドレスや靴やバッグが必要なときもある。ときには本やファイルがとても重いこともある。それらは目的地に送ってしまうのだ。ただし充分に余裕を持って送り、あなたが出発する前に届いていることを確認すること。それが心の平和と身軽に旅をするための秘訣だ。ただ、お金がかかると思うかもしれない。でも最近、航空会社がふたつ目あるいはひとつ目の荷物にすらかける料金を考えたら、たいしたことはない。それにわたしが送るのは重いものではなく、かさばるものだ。帰りは、もっと時間のかかる、安い料金で送る。

ときには普通郵便も使う。それに、会議室で目にする会議の報告書のことはよくご存じだと思う。捨てられないが、実は二度と見たくないものだ。それも送ってしまう。ホテルや会議室から出てくるときは、身も心も軽やかだ。

去年の夏、わたしたちはプロヴァンスにお客さまを招いた。四組のカップルが荷物を持たずに到着した。八つの行方不明のスーツケース！　航空会社のおかげで、彼らはひどい格好で休暇を過ごす羽目になった。わたしはあらためて、絶対に荷物を預けまいと決意したのだった。

チケットやパスポート、あるいはアクセサリーが見つからなくて、パニックになったことはないだろうか？　ちょっとしたコツは、こうした小物の定位置を決め、またそこに戻すことだ。そうすればどこにあるのか必ずわかる――旅行関係の書類は小さな布か革製の封筒に入れ、スーツケースやバッグの決まったポケットにしまっておくといいだろう。そして、旅行用のアクセサリーは目立つ色の巾着袋に入れてスーツケースの隅に入れておく。錠剤や処方薬は？　化粧ポーチが便利だろうが、少量は心の平安のためにバッグに入れておき、残りは容器に入れスーツケースの中にしまっておく。

荷造りの訓練をしよう。もしもあまりにも不器用なら、『Colin Cowie Chic』を読むことをお勧めする。著者のコリン・カウィは旅行の準備と荷物の仕分けにとても熟練している。

わたしは常に時間ぴったりに着くのが好きな人間である。母の影響だ。しかし大都市の交通事情を考えると、時間ぴったりに空港に着こうとすると少々ストレスを感じる。年をとるにつれ、余分なストレスは必要ないし、家で二〇分過ごしても意味がないという結論を出した。今はたっぷり余裕を持って出発する。ただし、先に何が待っているかはわからない。飛行機の遅延は出張者にとって破滅的だ。遅延して旅行コースを変更させられる経験でもすれば、誰でも対応策を身につける。わたしは旅のお供に本、ｉＰｏｄ、非常食用のドライフルーツやナッツ、それに長時間のフライトのときはゆで卵を用意する。そして、くつろぐ時間を与えられたのだと思うようにして、楽しく過ごそうとする。飛行機が着けば、目的地にいるのだから。精神力で乗りきろう。起こりうる最悪のことは何だろう？　飛行機が飛ばない？　自分自身の過失ではないことで会議に出られない？　仕方のないことだ。

最後のコツは、深夜飛行便には絶対乗らないこと。わたしは長年、深夜便を利用していたが、戻ってきてもなかなか疲れが抜けなかった。二日分の仕事を一日に凝縮したかのようだった。そのうち、男性の同僚たちが昼間の便のビジネスかファーストクラスに乗っていることに気づいた。さらに時差に慣れるために、一、二日前に到着していることにも。わたしはなんと馬鹿だったのだろう。これはちょっと教えてもらえたはずの例である……ペースアップするのではなく、ペースダウンするように誰かに教えてもらうべきだった。

一人で旅をするビジネスウーマンは、危険や不安を減らし、安全を確保するために用心しなくてはならない。わたしは何度もストーカーにつきまとわれた。ラジオ番組でわたしの話を聞いたからといって、空港の外で待っていたタクシー運転手もいた。ぞっとした。常識を働かせよう。でも、神経質にはならないように——何も起きないように目を光らせておくだけでいい。身の安全を守る基本的なチェックリストを挙げておこう。

● ちゃんとしたホテルに泊まる。
● 見知らぬ人に住所を教えない。
● 暗くなってから一人で外出しない。
● ルームサービスを頼む。
● 部屋に鍵をかける。
● 非常口を確認しておく。

●携帯電話を常に身につける（充電器を忘れずに）。

■クロゼットから

服は生活を複雑にする、それはまちがいない。旅の荷造りがそれを証明している。それに多くの人が仕事に何を着ていくかでストレスを感じながら、一日を始めるのではないだろうか？　会社に遅刻するのは、朝、着ていく服が決まらなかったせいだという女性も多い。どっちみち同じ五枚か一〇枚の服を着回すのに、どうして毎朝服装で悩むのだろう？

簡単なストレスバスターをふたつご紹介しよう。ベッドに入る前に、頭の中で、あるいは実際に明日着ていくものを決めておく。簡単だし、効果がある。次にクロゼットの収容能力を超えた服を持たないようにしよう。一年間着なかった服は処分するというアドバイスを耳にしたことがあると思う。いいアドバイスだ。それを実践しよう。三年間に一度しか着そうにない服はとっておく価値はない。そしてクロゼットに多少の余裕があると、精神的に解放される。そして気分よく、新しい服をシーズンごと、あるいは一年に二度買い足すことができる。

ぐっすり眠ろう

パリのサンジェルマン通りで店のウィンドウに大きな広告を見かけた。「七九％のフランス人が目覚めたときに疲れている……あなたは？」フランスでそれほどたくさんの人が目覚めたときに疲れているなら、ニューヨークでは全員がそうにちがいない。その店は健康関連商品のチェーン店で、その広告は、自然に心地よく目覚めさせるための照明を売りこむためのものだった。目覚まし時計の騒音でたたき起こされなければ、疲労が少ないというのだろうか？　わたしはその照明を買わなかったが、眠りについての意見には同感だった。

健康は天候とはちがう――自分でどうにかできるものだ。バランスをとりストレスを減らすために、夜ぐっすり眠ることほど重要なことはない。もちろんその提言は聞いたことがあるだろうが、実践しているだろうか？　大半の人が毎晩七、八時間の睡眠を必要とすることはちゃんと証明されている。しかし、六時間ですませている人もいるし、ビジネスで会った人たちはほぼ全員が自分は特別で、四～六時間で大丈夫と考えていた。夜にやっていることを中断できず、規則正しい時間にベッドに入ることができないのだ。あなたの周りにもいるだろう。午前中はスターバックスのコーヒーの特大容器を手に歩き回り、自分に喝を入れようとしている人々。しばしば仕事にそのツケが回ってくる。仕事を片づけるのに長い時間がかかったり、過ちを正すために、さらに時間とストレスがかかるかもしれない。

仕事のことを考えて夜中に目が覚め眠れなくなったら、警報だと考えよう。真夜中に付箋にメモ書きしていたら？　それはきわめて不健康な状態である。

アメリカ人の生活で、睡眠はもっともないがしろにされている。睡眠時間はぎりぎりまで切りつめられると考えるかもしれないが、それは自分自身をだましているにすぎない。睡眠不足はわたしたちを無気力にし、感覚を鈍らせ、ストレスに反応して特定のホルモンを分泌させる——すると、さらに夜眠るのがむずかしくなり、ますます悪循環に陥ってしまう。

睡眠不足かどうかの簡単なテストがある。就寝時ではないときに横になり、目を閉じてリラックスする。数分のうちに眠りこんだら——もっと睡眠が必要なのだ。睡眠は一日のうちにたまったストレスを消去し、エネルギーをチャージして、新たな気持ちで朝を迎えさせるための自然の方法なのである。質のよい睡眠をとるための基本的なルールは、新鮮な空気がわずかに入る、暗く、静かな、涼しい部屋で眠ること。緊張を解き、眠りの準備をするためにひとつかふたつの決まった手順を踏む——顔を洗ったり、温かいハーブティーを飲んだりなど。毎晩、ほぼ同じ時刻にベッドに入る。これで子どもたちを毎朝車で学校に送っていっても安全だろう。

■ちゃんと食べる

空っぽの胃袋で一日を始めるのは、疲れきって一日を始めるのに劣らず悪いことだ。どんなに少量であっても、一日三食とることの効用について、わたしは別のところでさんざん書いてきた。だから、ここでは繰り返さないが、いくつかの考え方について強調しておきたい。まずひとつは、食べ物が生活の基本だということだ。ちゃんと食べていなかったら、オフィスで能力を充分に発揮できない。健康的な食事をして、健康的に過ごす……それが幸福である。

朝食は必要ないと言われても、わたしは信じない。わたしは朝食抜きではいられないし、少々のタンパク質と炭水化物、たとえばパン一枚とチーズひと切れをコーヒーか紅茶で流しこむための数分すらひねりだせないなら、時間管理が下手なのだと思う。究極の必要最小限の朝食をお望みだろうか？　それならアーモンド三粒と、ふた口分ぐらいの小さなチーズ、オレンジひとつに相当するジュース——もっといいのはオレンジをひとつ食べるか、他の果物を食べることだ。さらに、水を一杯。二、三分の時間ならとれるだろう。

また、朝食をとらない人たちは、通りを歩きながら、あるいは車を運転しながら、コーヒーといっしょに甘いペストリーを飲みこむように食べているのではないかと思う。朝食を抜けば体重を減らすのに役立つと考えているなら、考えを改めたほうがいい。また、そういう人たちに限って、おやつを午前一一時に食べたり、夕食を馬鹿食いしたりする。朝食をとらないことは、ほぼ確実に貧しい食事と食習慣を招く。砂糖をまぶしたドーナッツをコーヒーで流しこむことによって血糖値を急上昇させてエネルギーを増加させる分、その反動が大きく、疲労感が増したり集中力が低下したりする。ランチも同様で、せめて数粒のナッツやドライフルーツを口にしておけば、あとから大食いすることを避けられるし、集中力を高め、生産的になるのに役立つ。おまけに、数分でも仕事から離れることで、気分をリフレッシュし、バランスをとり戻せる。

昼間に体に燃料を与えていなければ、ディナーで食べすぎて（たぶん飲みすぎても）しまいがちだ。すると、どうなるか？　テレビの前で眠りこんでしまうだろう（そもそもテレビを見ることは体重増加に結びつきやすい）。そして眠りのパターンを壊す――その他の望ましくない結果ともども、あとで後悔するだろう。夜にきちんとすわってバランスのとれた食事をすることは、バランスのとれたライフスタイルを送るための確実な方法だ。愛する人と食事をすれば、それは重要な社交の時間になるだろう。一人なら、テーブルでゆっくりと食べ、ナイフとフォークを食事の合間に置くことを忘れないように。最高の喜びは最初の三口にあることを覚えておこう。そして食べ物の喜びに集中しよう。ながら食べ――読書しながら、テレビを見ながら、大きな音楽を聴きながら――はやめること。ただし低く音楽をかけることは、食べることの喜びを増し、頭をすっきりさせて、いい食事をさらに申し分ないものにするだろう。

デスクワークの場合、一般的に食べすぎになりがちだということも忘れないように。したがって、少しずつ食べる量を減らすこと。特に年をとるにつれて量を減らそう。当たり前になったスーパーサイズの量は、二〇世紀末の現象だ。ここでも五〇％の解決策を実践しよう。ほしいと思う量の半分を盛りつけ、本当にもっと食べたければ、ほしい量の半分だけを食べる。そしてまた考えてみる。ケーキショップを通りかかるたびに胃袋よりも目を大きくさせるのが、わたしは得意だ。

旅行も、きちんとした食習慣を捨てる言い訳にはならない。実際はいい習慣を強めることを思い出させてくれる機会なのだ。それに、目の前に置かれたからというだけで機内食を食べるのは、どうあっても避けよう。飛行機で出されるディナーを含め、二度のディナーは絶対に必要ない。機内食で喜びを感じるかどうか、あるいはおいしいかどうか、心に問いかけてみよう。飛行時間にあわせて、ハーブティーか、一、二杯の水を飲む。水によって水分補給ができ、空腹をあまり感じなくなるだろう。

最後に食べ物と健康について、もうひとこと。わたしは誰もがやせているべきだとは信じていない。誰もがありのままで居心地よく感じるべきだと、繰り返し主張しているのだ。そのことがルノワール風のふくよかな体型を指すなら、それでかまわない。実際のところ、それはたぶん健康的だろう。しかし世界じゅうで肥満は増えており、太りすぎの人間にとって余分な体重は大きな健康問題、不幸、ストレスを生じさせる。糖尿病から高血圧、心疾患まで。そこで、あなたの体格に応じて、二キロか五キロ、あるいは一〇キロ減量することは、とても大きな医学的および精神的メリットがある。それはあなた自身に対する義務である。ストレスは血圧を上昇させる。健康的な栄養と健康的な体重は血圧を下げるのだ。

深呼吸をする

職場や家でふいにストレスに襲われたときに、すぐに試してほしい方法がある。深呼吸だ。深呼吸は簡単でリラックスできる運動である。目を閉じて横隔膜の奥まで五秒間大きく息を吸い、一〇数えながら吐きだす。呼吸に集中して、他の考えを閉めだそう。少なくとも、いったんわきに置こう。六回これを繰り返す。体の緊張、頭の、首の、背中の緊張――それらが消えていくだろう。これはデスクの前でも一日に二度、あるいは必要なだけ実践できる。

深呼吸が必要だと思うときは、少々現実のチェックをする必要があるときだ。わたしはこれほどストレスを与えるものは何だろうと自問する。それほどの価値があるものだろうかと。それから、何度もやってきたように呪文を唱える。「起こりうる最悪のことは何だろう?」その答えが出ると、緊張の風船から空気がたっぷりと放出されるだろう。

意識的な呼吸はもっとも簡単で基本的な瞑想の方法でもある。ストレスを受けていても、精神を集中させるのに役立ちエネルギーレベルを上げ、緊張型頭痛などささいな痛みや苦痛を軽減させる。

生活のバランスをとり、エネルギーをチャージする作戦において、常にあなたを助けてくれるテクニックを見つけよう。たとえばヨガ、瞑想、ジョギング、太極拳、あるいはボランティアの仕事など。

こうしたテクニックのいくつかは、体を動かすことを含んでいる。毎日の生活に体を動かすことを導入するのは、きわめて有益である。エクササイズと呼ぶ人もいる。

わたしも毎日体を動かすようにしている。可能なかぎりエレベーターを使わず、階段をのぼる。エスカレーターは歩いて上がっていき、朝の禅の散歩も含めて、よく歩く。ヨガもしている。多少厳しいエクササイズも気に入っているので、自転車に乗ったり、泳いだりすることも楽しみだ。だが、とりつかれてはいない。健康的なライフスタイルを送るように努力している。

わたしの時間

前の章で、精神と肉体の一時的な解放のために、毎日「ビーチの時間」をとりいれる重要性を語った。ここであらためて健康的なワーク・ライフ・バランスにおける「わたしの時間」の重要性を強調しておきたい。周囲で目にするぞっとするアンバランス、そして自分自身におけるアンバランスは、仕事のあるウィークデーにも、プライベートな週末にも存在する。

フランスには、メトロ、ブロ、ドドという表現がある。地下鉄、仕事、睡眠という意味だ。誰もが毎日、経験していることだ。何日も機械的に仕事をする。週末こそゆっくりしようとしても、失望を感じる。充分な時間がないのだ。週末はあっというまに過ぎてしまう。疲れ果てていて、やりたいこともやれない。非常に高い望みや期待を持っていても、現実は興ざめで、落胆さえするかもしれない。あるいは何かに没頭するかもしれない——食べ、飲み、買い物をして、家族で外出し、しゃべり——そしてまた地下鉄、仕事、睡眠に戻るのだ。こうアドバイスしたい。ウィークデーに「ビーチの時間」をスケジュールに入れるだけではなく、週末にも「わたしの時間」をスケジュールに入れ、スケジュールをきちんと守ること。大切なのは「スケジュールに入れる」ことだ。繰り返すが、これは時間優先のマネジメントで、時間の問題だけではなくバランスの問題でもあるのだ。時間をどう過ごすかについて、わたしたちはかなりの自由裁量権を持っている。

二人の子どものいる管理職の夫婦を知っているが、彼らは金曜の夜は家族全員でフォーマルなディナーをゆったりととることをルールにしていた。そのためには犠牲や試練がともなう。ビジネスのつきあいや、退屈な出張の手配を断り、子どもたちもハイスクールを卒業するまで、それを受け入れなくてはならず、金曜の夜に友人たちとしゃべったり、出かけたりできなかった。少なくとも長い家族のディナーが終わるまでは。そのルールは功を奏した。夫と妻の「友人や家族との社交ネットワーク」という重りの中心的な構成要素となり、夫にとっては、特別な「わたし」という重りになったのである。

エレクトロニクスの驚異

わたしたちはグローバルなデジタル経済というすばらしい時代に生きている。指先ひとつで、新たな時間を節約し楽しみを生みだすエレクトロニクスの助けが得られる。しかし、たくさんの電子機器――スマートフォン、ラップトップとデスクトップのコンピュータ、ｉＰｏｄ、デジタルオーディオとデジタルレコーダー――が効率化と楽しみとともに、生活にストレスの嵐をつけ加えているのではないだろうか？

わたしが住んでいた企業世界では、ヘルプデスクとＩＴが必要であり、必須だった。わたしが文筆業に転身すると、コンピュータにしばしばとまどい、身動きがとれなくなりストレスを感じた。そこで、ヘルプデスク兼技術者を雇うことにした。小さなオフィスや在宅勤務では、コンピュータの問題を外注で解決するか、親戚や友人に助けてもらっている。わたしの場合はハイテクの名前がついた会社と、ジャイルズと呼んでいる優秀な三〇歳の男性だ。ジャイルズは料金は高いが、専門知識に富み、良心的で、礼儀正しく、いい人だ。彼はわたしのストレスをなくしてもくれる。

美しく晴れた一二月のある日、午前九時ぴったりにジャイルズは到着したが、ひどい様子だった。前の晩にクラブで強いお酒を何杯も飲んで、夜更かししたように見えた。コーヒーを出し、朝食はいかがとたずねた。彼は断り、まったく寝ていないので食べられないと答えた。その理論が理解できなかったが、わたしの「まあ」という言葉に、彼は燃え尽きているのだと答えた。その年で？　独立して仕事をするという決断はまちがいだったのかもしれないと、彼は言った。彼はオフィスに閉じこもっていたり、ボスに報告したりするのが好きではなかったし、ずば抜けたコンピュータのスキルがあったので、独立して稼げるだろうと考えた。一年ほどして、彼は一人ではさばききれない仕事を抱えていると感じたが、もっと重要なのは、大きなストレスを感じている要求の多い顧客たち（ボスたち）は、彼の魔法がないと仕事にならないということだった。彼らは問題が起きるたびに、電話したりメールしたりしてきた。

さらに、彼の結婚したばかりの妻は今後どうなるかを察して、最後通牒を突きつけてきた。話し合って、もっといっしょに過ごしましょう。さもないと……。多忙すぎるビジネスを捨てずに、どう対処したらいいか、今後どうしたらいいのか、ジャイルズは途方に暮れた。ひとつの譲歩として、週末の二四時間は完全にビジネスの連絡を遮断した。とりあえずの手だった。

彼のストレスを目の当たりにし、そのストレスが、テクノロジーの問題でヘルプデスクに電話やオンラインで相談する人々のせいだと知って、わたしは皮肉にも少しほっとした。なぜならわたしたちが所有しなくてはならない電子機器を設置したり動かしたりするときのやっかいな作業から生じる、やむをえないストレスだとわかったからだ。実際、電子機器を接続することでワーク・ライフ・バランスが崩れ、頭がどうにかなりそうにすらなる。

たとえば、ケーブルテレビや有線テレビの映画を録画することは、わたしにとってとてつもないストレスだ。わたしたちは防御を固め、エレクトロニクスが生みだすストレスの多い状況に対して作戦を立てなくてはならない。

わたしはメールなしで暮らすことも経験した。システムが故障したのだ。しかし、わたしの世界はちゃんと機能した。昔、ビジネスでは普通郵便しかなかった。その後、ファックスと電話が登場した。電話でしゃべることと、常につながっているというストレスのせいで、わたしは毎週、長時間にわたって携帯電話の電源を切り、自らひきこもって静かな時間を作っている。それは時間管理の贅沢であり、わたしの現在の生活における対処法である。

さらに可能なら、メールチェックも一日に二度だけにしている。ときにはその選択肢がないときもあるし、多くのビジネスがメールに依存している時代では、誰もができることではないだろう。しかし、一日に一時間だけでもメールをチェックしないとか、週末はチェックしないようにすれば、ストレスを軽減できるだろう。このデジタル時代に自分にあった対処方法を見つけよう。

休暇

わたしはヨーロッパで育った人間なので、アメリカ人の休暇に対する態度はなかなか理解できない。一年に二週間？　冗談でしょう、というのがたいていのヨーロッパ人の反応だ。自営業でないかぎり、六週間の休暇は、フランス人にとって譲れない権利とみなされている。フランス人のあいだでは、休暇は自然のバランスの一部で、エネルギーを充電するために不可欠だし、自分を甘やかすそういう期間は、精神的に健全でいるために必要だと固く信じられている。同感だ。おそらく、それはわたしのDNAに組み込まれているのだろう。多くの人が快楽主義的なフランス人と、その長い休暇のことをからかう。しかし、フランスはヨーロッパの異端児ではない。たとえばドイツの労働者には平均して三〇日の有給休暇があるし、それに比較してアメリカの労働者は平均一〇日だけだ。

休暇をすべて使わないアメリカ人に、これまでたくさん会った。彼らにとっては奇妙な勲章らしい。何を考えているのだろう、あるいは否定しているのだろう？　怖くて離れられないほど、仕事は人生にとって大きなよりどころなのだろうか？　自分がいなくても、会社が問題なくやっていけるとわかることを恐れているのか？　それは周知の事実のはずだ。他の人間に置き換えられない人は一人もいない。従業員が一人去ってもビジネスがちゃんと続いていくことは、さほど経験がなくてもすぐにわかるだろう。休暇について進歩的な考えを持っている多くの企業は、年末に一週間とか、夏に二週間とか、強制的な休暇期間を設けている。その間、ビジネスは最小限の人員でこなし、休暇が終われば全スタッフで再開する。これは巧みな時間管理だ。

健康的なワーク・ライフ・バランスを望んでいるなら、休暇を楽しもう。休暇はめったにない構造的修復の機会だ。ゆったり時間をとり、罪悪感を覚えないこと。わたしはいつも部下たちに、個人的な時間と休暇の時間を作るようにと言っている。それによって、あなたは働き手としても人間としても成長するだろう。

■笑い

初めてニューヨークで暮らすようになり、ふたつの電話の利用法に驚かされた。ひとつは食べ物を注文できて、一日のうちの何時であろうと家に届けてもらえること――たいていピザか中華だが。真夜中にピザか春巻き。びっくり。わたしはどちらも注文しなかったが、ほっとすると同時におもしろく感じた。もうひとつは、ダイヤルするとジョークが聞けることだ。毎日異なるコメディアンとちがうジョークが用意されている番号があった。わたしはその番号をときどき利用した。笑いを嫌いな人間はいない。なんといっても最高のストレスバスターなのだから。

ストレスと戦い、よりよいバランスを保つために、毎日適量の笑いと楽しみを加えることならすぐにできる。今は何でも手に入る世の中だ。それを利用しない手はない。

会社の文化にとっても「遊びの時間」は重要だと考えている。会社のパーティやイベントに組み込んでもいい。ときには羽目をはずして、真面目なビジネス時間に故意に笑いを吹きこんでもいい。たしかに、これは少々危険をともなうかもしれない。全員が同じものをおもしろいと感じるわけではないし、ジョークが滑ったら、あなたの評判は危険にさらされるかもしれない。しかし……危険を冒さなければ、得るものもない。

CEOになったばかりの頃、わたしにとって悪夢のプロジェクトのひとつは、パリで年間予算計画を提示することだった。いくら事前準備をして書類をやりとりしていても、必ず決定的な対決があった。わたしは広報やマーケティングに、もっと予算を使うことを了承してほしかった。だが会議室にはフランス人紳士が居並び、予算は厳しいので、とうてい承認できないという態度だった。まるで経済は後退しつつあるか、常に後退の危険があると考えているかのようだった。

フランスの文化かもしれないが、出席者たちはスライドや表は見ずに、わたしを見て、わたしの口頭の説明に耳を澄ませた（ビジネス・スキルとして、コミュニケーション・スキルがもっとも重要だと言ったことは覚えているだろうか？）。もちろん、重要なところで目を覚まさせ、年末プロモーションの説得力のある映像を見てもらうために、カラフルなスライドも用意しておいた。しかし、わたしのプレゼンテーションはほとんどが話だった。

一度だけ、バッグから写真をとりだすときにわざと時間をかけて話のテンポを落とし、長い間をとると、深呼吸してごくさりげなく典型的な女性のビジネススーツの袖をまくりあげた。それはたんに、肘から下にあるタトゥーを見せるためだった——黒とイエローのよく知られたヴーヴ・クリコの象徴である錨を、会社とマダム・クリコのもとでの名誉ある歴史の象徴を。男性たちの低いざわめきの中で、わたしは話を続け、やがて社長がげらげら笑いはじめ、別の役員会のメンバーが言った。「きみは頭《メ・ヴ・ゼット・》がどうかしてるね《コンプレットマン・フォル》」彼らは知らなかったが、これは洗い流せるタトゥーで、ニューヨークの〝イエロウィーン〟・パーティの名残だった。

だが、彼らはわたしがとんでもない真似をしたと考えたようだ。わたしはにっこりして、何もなかったかのように話を続けたが、全員の注目を集め、さっきまでの部屋の緊張と無関心は消えていることに気づいた。わたしは比較的短い計画を提案し、最後に全員が拍手し、社長は言った。「それで行こう」

予算は問題なく承認され、社長が正式にOKを出したときにこうつけ加えると、全員が笑った。「きみはまったくすごいおばさんだな《ヴ・ゼット・ユヌ・サクレ・ボヌ・ファム》」

それは性差別主義者の言葉と解釈できたかもしれないが、わたしは彼が口にしてくれた最高の賞賛としてありがたくちょうだいした。そこはパリで、フランス人の会議だったから、出席者の関心はすぐにシャンパンつきのランチに向けられた。その席でようやく、わたしはそれほど頭がおかしくないこと、タトゥーは数日で消えることを明かした。彼らはその部分がおおいに気に入った。おかげで、全員にタトゥーシールを贈る羽目になった。

10

ビジネスウーマンとビジネスマンはちがう

女性が成功して角部屋のオフィスを手に入れるには、怪物にならねばならないという神話が広まっていることに、わたしと同じく、あなたは悩まされていないだろうか？トップに立つ女性たちはそうしたステレオタイプの女性にちがいないと、世間の人々は考えがちだ。それが原因か結果かわからないが、映画ではそういうステレオタイプがよく演じられている。過去の記憶に残る映画で、女性役員はどんなふうに描かれていただろう？《プラダを着た悪魔》の自分しか眼中にない悪魔役ミランダ・プリーストリー（メリル・ストリープ主演）。《ディスクロージャー》のタフでセクシーでセクハラをするコンピュータ会社のボス、メレディス・ジョンソン（デミ・ムーア主演）。《ワーキング・ガール》で主人公テスがやっつける、自己中心的で人使いの荒い

キャサリン（シガニー・ウィーバー主演）。あるいは、もっと前の原型、《ネットワーク》の冷血で執着心の強いプロデューサー（フェイ・ダナウェイ主演）。まだまだ挙げられそうだ。これが最高の役割モデルなのだろうか？　公正で頭がよく、機転がきいて、部下を育てるタイプはどこにいるのだろう？

涙目

女性は男性よりも感情的だといわれている。たしかに本当かもしれない。ただし怒りを感情に入れなければ。オフィスでの癇癪は男性の場合には許されるが（「支配的」とか「高圧的」と思われる）、女性はちがう（「感情的」とみなされる）。

涙がまた復活しているようで、オフィスで泣いてもかまわないと信じている人もいる。わたしはちがう。第二次世界大戦中の全米女子プロ野球リーグを描いた《プリティ・リーグ》を覚えているだろうか？　トム・ハンクスが演じる、酔っ払いの元メジャーリーグ・スターの監督は、めそめそする選手を怒鳴りつける。「野球に泣くなんてない」たしかに、ビジネスでも泣くことはありえないと、わたしは思う。失われた機会、まずい仕事ぶり、気まぐれな事故、ロストバゲージ、傷つけられた気持ち、あるそういったことでも泣かない。もちろん、男も女も大切な人を失って泣いたり、あるいは引退で目を潤ませたりするのは当然だ。それは温かく真摯で人間的な反応だ。命は何よりも優先されるものだ。

しかし、ビジネス会議ではどうだろう？　涙とそれにともなう行動は、しばしば弱さの表れとみなされる。思考と感情を別々にしておくことができない傷つきやすく不安定な人間だと。わたしは固い意志でそういう事態にならないようにしている。仕事で泣かない確実な方法は伝授できないが、ビジネスでの対決で感情をコントロールする必要に迫られたときのために、早めに自分で何かしらの方法を見つけておくように忠告しておく。それまでは、必要なら席を立ち、トイレに駆けこむしかない。そうした事態をもたらす張本人になるのも、キャリアとしては評価されない。最悪なのは、多くの人間が女性の涙を偽物だと考えることだ。

ビジネスリーダーは、いわば戦場に泣き虫といっしょに行きたくないだろう。誰だってそうだ。いくらでも他の相棒を選べるのだから。それに残念だが、これは女性だけの問題なのだ。これが男性であれば寛容に受けとめられ、たまに泣いても共感のこもったうなずきを受けることすらある。

おそらく男性の世界を学ぶ女性

一九八四年にアメリカのヴーヴ・クリコ支社を創設したとき、わたしが加わったアメリカのワイン業界はタフで、全員が男性という環境だった。もちろん、フランスでも全員が男性のクラブだった。わたしは保守的な卸売り業者と、ワインを副業として売っている酒類セールスマンといっしょに仕事をした。アメリカはちょうど、食卓にワインをのせることに目覚めはじめた時代だった。わたしは販売の経験もなく、ビジネスの何たるかも知らなかったが、すぐに学んだ。どうやってそうした頭の古い卸売り業者や頑固な酒類セールスマンと仕事をしたのか？　彼らと彼らの最高の得意客をストリップクラブで接待するつもりはなかった。わたしは独自の方法で、彼らとの関係を築かなくてはならなかった。いくつかの場合は、ステーキハウスに連れていき、そのあとでジャズクラブに行った。それに、わたしはタフになれた、タフなネゴシエイターに。どうやったのか？　簡単だ。常に声の高さを調整したのである。きびしく非難しているときですら。わたしは相手に敬意を払い、プロらしく対応し、必ずウィン・ウィンな状況を見つけた。すると驚いたことに、セールスマンたちはわたしと進んで会ってくれるようになったのだ。珍しい存在だったにちがいない。

多くの男性が女性の前では罰当たりな言葉を慎むが、彼らもわたしの前ではめったに罵らなかった（車の中ではたまにあったが。わたしの目を見ずにすむからだ）。またビジネス会議で、わたしの前でノーと言うのも気が進まないようだった。たしかに、ときには論争を避けたいがためにイエスと言うときもあるだろう。男性は熱い議論をするよりも、会議では女性にイエスと言いたがるのかもしれない。わたしは重要なビジネス会議のあとでは、承認されたことを文書にして、それを遵守する必要があることを全員に知らせるようにした。文書にしておくことは、常に役立つものだ。

コミュニケーション・スタイル

男性は道順をたずねない、そうでしょう？　それは広く認められている真実だ。男性は質問をすることを弱さの表れと考えるようだ。女性は質問をする。あなたがナビゲーター役をつとめたことがあるなら、道順をたずねたことがあるはずだ。もちろん、例外もあるし、特別な場合もある。しかし、性別による特別なコミュニケーション・スタイルというものが存在する。仕事でそれに気を遣うことによって、深刻な行き違いを避け、あなたと会社の目的と必要を達成するのに役立つだろう。

どんな議論、交渉、話し合いにおいても、聞き手を知ることは必須だ。わたしは古典的なコミュニケーション・ギャップがあることに気づき、職場の会話を生産的にするように努力した（いつも成功するとは限らないが）。

すでに述べたように、女性は質問をして、たくさんの情報を集めてから、目の前の仕事に取り組むのを好む。男性はすぐに取り組み、結果で手段を正当化しようとしたがる。わたしの経験では、男性はまず取扱説明書を読まない。読むのはたいてい、うまくいかなかったときだけだ。男性も女性も、相手のやり方が理解できないし、評価しない。それがフラストレーションと誤解につながり、感情の爆発や表には出さない困惑など、仕事関係において別の問題を招いてしまう。

コミュニケーションには論理と感情の両方が求められていることは昔からわかっている。男性はきちんとメッセージを伝えることは上手だが、他人の感情を傷つけていることには無頓着だ。誰も感情を害されたくないが、女性はより傷つきやすい――感受性がより高いのだ。聞き手の気持ちに配慮し、議論をおさめ、ビジネスの要点に入るために、可能なら分析論を活用しよう。そして、もっと分別を働かせよう。通常、人はあなたの感情を故意に傷つけようとはしない。たんにコミュニケーションが下手なだけなのだ。

国際的なビジネスをするときに感情的な要素を減らすことで、強力な仕事関係を保つ、あるいは築くのに役立つ。多くのグローバル・ビジネスは、お互いの文化の価値観や慣習を理解し尊重することで築かれている。たとえば、中東ではビジネスの話し合いにおける「イエス」という言葉は「たぶん」を意味する。中国や日本では、「イエス」は「あなたの気持ちを傷つけたくないのでイエスといっているが、本気ではない」という意味である可能性がおおいにある。さらに中東と極東では、贈り物の交換に始まって座席の配置、挨拶や乾杯の言葉にいたるまで、さまざまな儀式的慣習がある。

居心地のいい関係を作るために、そうした慣習に従うべきである。不器用に性急に突き進むと、思いがけない侮辱をしてしまい、ビジネスに損害を与える。また、女性に対する態度は国によって異なるので、人間関係を作るときにはそれを計算に入れるべきだ。一人で文化を変えようとすることは、ビジネスの利益にはならないと認識しておこう。

女性は自分の感情について話すことに、男性に比べてさほど気まずさを感じないが、ビジネスの場面で饒舌になりすぎることは場違いだし会話が続かなくなってしまう。そのことには気をつけよう。家にいるときとちがい、オフィスではもっと自制しなくてはならない。

男女のコミュニケーションにおいてもうひとつの基本的な大切なちがいは、女性は話好きということだ。女性は話し終えることも、話を聞くことも急がない。男性はちがう。男性と話しているときに会話を途中でさえぎられ、要点に入ろうとされた経験は数えきれないほどある。それは話し手と聞き手の両方に忍耐を強いる。よくないことだ。男性はすぐに要点に入りたがるので、男性の書いたビジネス書がわたしには無味乾燥に感じられるのだろう。女性のわたしは、女性ならではの本を書いている。魅力的な実例を挙げた話は、いいビジネスツールになると思う。

男性は女性よりも声が大きく、もっと頻繁にさえぎり、ビジネス会議では一般的に発言が多く断定的な意見を言う。それを頭に入れて、女性は会議やセミナーに貢献する必要がある。ただし、ひとことひとことを大切に。あらためて申し上げるが、「少なければ少ないほどいい」。あらゆることに一家言持っていて、みんなにそれを吹聴するような押しの強い人間には感銘を受けないものだ。明晰で鋭い意見の持ち主が尊敬される。そして、有能で自信にあふれ、説得力があるように見えるかどうかだが、わたしは一対一でもグループ会議でも、物柔らかに、さまざまな方法で自分の主張を繰り返し伝えることでうまくいった。

男性は職場でよく罵り言葉を口にする。スポーツのような場面で使われるなら、それも効果的かもしれない。しかし罵りには、ダブルスタンダードが存在する。男性は汚い言葉を使っても、受け入れられ尊敬さえされる。かたや男性のように罵る女性はしばしば我が強すぎ、野卑で攻撃的だとみなされる。あるいはリーダーにふさわしくないと。しかも男性に尊敬されることはまずない。

ゴシップ

男性と女性はタブロイド紙的なゴシップやオフィスのゴシップに対して、異なる態度を見せる。ゴシップはどちらかといえば女性の守備範囲で、簡単に匿名でアクセスできるデジタル化された世界では、陰険で危険なものになりうる。広くばらまかれた悪意のあるゴシップや作り話で、生活が傷つく可能性もある。身体的特徴や言動に対して、有名人がありとあらゆる攻撃を受けることがあるのは驚くばかりだ。ブログで熱心に悪意ある意見を書く人間の動機や利益が、わたしにはどうしてもわからない。二〇〇八年と二〇〇九年にゴールデン・グローブ賞のコメディ部門で主演女優賞を獲得したティナ・フェイはこう言っている。「自分自身についてうぬぼれが強くなりはじめたら、インターネットというものがあるわ。あなたのことを好きではないたくさんの人を見つけることができるでしょう」たしかに。

仕事では、ゴシップと噂の情報網はマイナスの効果しかない。わたしが男性ビジネス社会で働き、ほぼ全員が男性の役員会議に出席したり、男性ばかりの企業の保養所で研修に参加したりした結果、男性は誰かの噂をすることにあまり興味を持っていないことを発見した。批判は面と向かって口にされ、ゴシップは苦笑い混じりに悪意をこめずにやりとりされる。しかし、「誰と誰が寝ている」というゴシップが出てくるとき、女性は決して好意的に見られることはない。

オフィスでは噂と根拠のない批判は時間のむだだ。リーダーなら、噂や匿名の攻撃はとりあげるべきではない。騒ぎ立てても流した人間の得になるだけで、あなたと噂にかえって関心を集め、信憑性があると考える人もいるかもしれない。名誉を挽回したいなら、師や信頼できる上司に適当なときに介入してもらい、プロらしからぬいたずらに決着をつけてもらおう。それによって、あなたや他の優秀な働き手の感情が傷つき、会社が不健康な環境になるのを防ぐことができる。あなたが企業のいちばん下っ端なら、噂に加わったり、そういうみっともない非生産的なビジネス行動をとったりして、負の文化に寄与するのはやめよう。ゴシップはある人間を破滅させようとする陰湿な攻撃で、暴力行為そのものだ。ほとんどの会社は、メール規則を定め、人事はゴシップの発信者に厳しい態度で臨んでいる。

セックスとロマンス

「枕営業」で出世の階段をのぼっていくことは、ありがたいことに死に絶えつつある。セクシャル・ハラスメント法と、ネットや同僚を通じて露見する恐怖のせいだ。体を触ったり、卑猥なことを口にしたりすることも同じだ。あなたがある程度の年齢なら、望まない性的な接近を断る方法をそこそこ学んできただろう。わたしが大学卒業後にパリで初めてついた職を失ったのは、ボスとの「フレンチキス」を拒んだせいだ。当時わたしはうぶで、地元のカフェでビジネスの相談をしようというボスの誘いを受け、車で家に送ってもらった。そういう状況になるべきではなかったのだ。のちに元同僚から、彼は危険ではないが、それはお決まりの行動で、常に新しい社員に仕掛けていると聞いた。いい仕事だったが、辞めたことを後悔はしなかった。

職場におけるセックスの問題は常につきまとい、ビジネスにとってもプライベートにとっても危険だ。性的接待をチャンスとばかりに利用する女性もいるし、積極的に誘いをかける男性もいる。しかし、これもまた男性特有の行動ではないだろうか？女性は、性的接待で得をすることはめったにない。

しかし、職場でのロマンスはよくあることだ。意外だろうか？　オフィスで週に四、五〇時間過ごしていて、夜の会議に出て、出張に行っていたら不思議ではない。既婚、未婚にかかわらず、わたしは仕事を通じてさまざまな人々に会うが、彼らはだいたい「安全」だ。同僚や仕事仲間はすでにふるいにかけられているし、いろいろなことを共有しているからだ。

オフィスでの「情事」はとりわけ女性に大きなダメージになる。当然、愛人たちは会社のビジネスからはずされ、罵倒しあうようなぞっとする別れになりかねない。オフィスのロマンスが公になり、うまくいかないと、女性の評判と能力を傷つけ、出世の階段をのぼるうえで大きなマイナスになる。

もちろん、オフィスのロマンスが結婚という幸福な結末になることもある。わたしが働いてきた会社でも何組ものカップルが結婚し、その後幸せそうに暮らしている。ただし、たいてい、片方が会社を辞めた。あなたのオフィスのロマンスがだんだん真剣なものになってきたら、上司に伝えたほうがいいだろう。いずれ上司は知ることになるし、驚かされることも、最後に知る人間になることも喜ばないからだ。上司は、つらい状況を切り抜けるのを助けてくれさえするかもしれない。

オフィスの情事やロマンスについては、いくつかの常識的な注意事項がある。やっかいな男女関係を避けたいなら、同僚は相手に選ばないようにする。選んだ時点で、危険なスロープを滑りおりはじめるのだ。一時間の親密な時間を過ごす前に、長年にわたって築いてきた安定と人間関係を失う危険についてじっくり考えてみよう。自分から誘惑したり、子どもっぽいほのめかしをしたりするなら、軽い女だということを宣伝しているも同然だ。また、非常に危険な真似をしていることでもある。そんな状況を作らないようにしよう。アルコール、ドラッグ、疲労のせいで警戒をゆるめないように。シャンパン業界で働く人間として、わたしはお楽しみがすぎて、キャリアをだいなしにしかけた若い（ときにはあまり若くない）スタッフを何人も救わなくてはならなかった。わたしは遊んでいるのでもなく、パーティをしているのでもなく、仕事をしているのだと常に自分に言い聞かせている。

お金

アメリカ人はお金と仕事が代表的なストレスの原因だと言っている。お金と仕事に関連する性差も、その一部である。

男性はまちがいなくお金にこだわる。億万長者の男性は自家用ジェット機について、その型まで口にせずにはいられない。わたしには無意味で、滑稽にしか思えないのだが。

女性にとっては、給与の不公平さが問題だ。現在では女性の市場価値があがっているにもかかわらず、給与の性差は消えなかった。アメリカのフルタイムで働く男性は全体的に、女性の二五%増しの給与を稼いでいる。これは理解できる。男性は、いい給与のために引っ越しをすることもいとわないからだ。男性はより大きな経済的危険はあっても、より大きな経済的見返りのある仕事を受け入れることが多い。さらに、きちんとした教育を受けていれば、男性は女性よりもより給与の高い仕事を選ぶ可能性がある。別の言い方をするなら、女性は別の利点、時間、バランス、達成感、安全などのためにお金を犠牲にしがちなのだ。

このいらだたしい不公平は、同じ職業でも、女性の給与と男性の給与は同等ではないという米国労働省の統計値でもあきらかだ。実際、販売では女性の給与は男性より三〇%少ないし、医療でも二五%、テクノロジーですら一二%少ないのだ。

この事実のもっとも簡潔な説明は、女性はお金のことで文句を言うのが好きではなく、雇われるとき、あるいは給与の見直しのときに上手に交渉しないので、長年のあいだに給与の差が広がってしまうというものだ。男性よりも女性のほうが、交渉を恐れるというのは事実だ。昇給の交渉の機会があっても、女性は男性よりも交渉するのを二・五倍いやがると報告されている。

交渉術は開発できるスキルのひとつだ。しかし、男性と同じように交渉するべきなのだろうか？　典型的な男性の行動を真似することは、バランスのとれた職場では理想的とは言えない。さらに、男性のように交渉をする独断的な女性はもっと「女らしい」争わない女性ほどすてきだとは思われず、男性はいっしょに働きたがらない。したがって、そういう行動は損である。性差のねじれは消えていないのだ。

わたしは常に慎重に正当化した水準で、給与の交渉をした。どういう地位であれ、インターネットで同じような地位の給与水準を調べることはむずかしくない。ただし、場所と役得を考慮に入れ、要求が現実的になるようにしよう。たいていわたしの要求は通ったが、ときには男性と同等に扱われていないと感じるときには、外見は穏やかに、実はしたたかにふるまわなくてはならないことがあった。不平等を指摘するときには、慎重にならくてはならない。わたしはよく修辞学的な質問をした。「この地位を募集して男性が最終選考に残ったら、彼にどのぐらいの報酬を払うつもりですか？」わたしはいつも男女に関係なく人を雇い報酬を払っていた——たんに経験、才能、教育、相場に基づいて判断した。したがってわたしたちの従業員のあいだでは、給与の性差はなかった。

そこに女性の給与が男性と同じになるための解決策が存在するのかもしれない。もっとたくさんの女性がトップ管理職にのぼりつめれば、ギャップは消えてしまうかもしれない。女性は、男性相手よりも女性相手に交渉をするほうが楽だからだ。

しかし、性差による給与に別の問題が生じている。ますます多くの女性が、かつて男性が占拠していた高い報酬の仕事につくようになり、彼女たちは夫やパートナーよりも収入が多くなっている。すべての男性がこれを歓迎しているわけではない。男性はしばしばお金に換算することで、成功と自分の価値を測りがちだ。自分より成功しているのが愛する人でも、自己不信、尊敬を失う恐怖、自信のなさを克服することができない。そのために、重要な人間関係にストレスがのしかかってくる。

こういう男性の心理に配慮しつつ、言葉に出して話し合い、相手に対して辛抱強くなること以外に有効な解決策は思いつかない。もちろん、あなたがたくさん稼いだことに対して謝る必要はないし、それを申し訳なく思う必要もない。誇りに感じるべきだ。できたら、他の理由であなたのパートナーが自信を持ち、経済的バランスを受け入れられるといいだろう。

当然ながら、このことは、彼がそういう関係を居心地よく感じるかどうか、他人がどう思うかを気にするかどうかにかかっている。

働く女性は収入を穏当な範囲で自由に使ってかまわないと、わたしは固く信じている。ほとんどの場合、買い物をするときにパートナーに許可を得る必要はないし、服、贈り物、家庭用品、美容院代、何であろうと、小規模から中規模の額の出費をパートナーはチェックするべきではない。

わたしはずっと自分自身の小切手帳を持っている。それでうまくいっているし、長年にわたって、わたしの給与振り込みはその口座に支払われている。結婚前は小切手用口座を持っていて、結婚後も利子がつく口座とそれについていたクレジットカードを所有していたが、万一のために夫婦の共同口座にした。夫は自分の口座とカードを持っている。わたしたち夫婦は、一、二カ月分の請求書の支払いをしたあとで負担分を調整している。貯金と投資は共同だ。そうした歳月のあいだほとんどずっと、わたしは夫よりも多く稼いでいた。そして、そのことがどちらにとっても問題にならなかったことをうれしく思う。結果として、わたしは月々の生活費を少し多く負担しただけだ。たいしたことではない。お互いの買い物が問題になるなら、自由に使える限度額を定め、それ以上の額のときは相談すると決めてもいいだろう。そうすれば、月末に不愉快な発見をすることを避けられるだろう。それでも、個人口座にはそこそこお金を入れておき、必要に応じて使えるようにすることをお勧めする。それによって自由を感じられるし、ストレスを軽減できるからだ。

多くの場合、わたしたちは多くを求めすぎ、非現実的な目標を設定することでストレスを作りだしているのだ。経済的にまかなえる以上のものをほしがると、相手あるいは二人ともが重圧や決断や犠牲を強いられることになる。たとえば、「ディナーと映画」vs「新しいテレビのための貯金」。あるいは「今度の休暇」vs「家を買うための貯金」。わたしに言えることは、身の丈にあった暮らしをするということだけだ。そして、物質的なもので長期の幸福を買うことはできない。それを忘れないようにしよう。

助言する

残念なことに、女性にとってのビジネスの助言が乏しいと気づき、わたしはこの本を書くことにした。たとえば、同性に助言することが下手か関心のない女性がよく見受けられる。正確な数字はわからないが、個人的な経験から、男性のほうがよき助言者だ。ショックだろうか？　それからいくつもの調査により、女性は女性の下でより、男性の下で働きたがる傾向がある。なぜか？　もちろん、女性の同僚は最新のソフトウェアの使い方を教えてくれたり、落ちこんでいるときに慰めてくれたりする。それは助言することだろうか？　ときに、それはひそかにほくそ笑むような行為ではないかと思うことがある。女性は賃金の公平さの問題や職場の問題について集まってしゃべりあうことがあるが、それもまた助言ではない。求められれば、上司の女性は他の女性たちに話をする。しかし長期にわたって、同僚の個人的および職業的成長について関心を注ぐだろうか？　わたしの経験ではめったにない。出世の階段をのぼった女性でさえもだ。多忙すぎる？　おそらく。これまでの自分の経験だけで手いっぱい？　たぶん。

異なる業界や会社のビジネスウーマンに会い、助言についてのわたしが立てた仮説を検証してみた。彼女たちはわたしの信念を裏づけてくれた。ある成功した女性弁護士はこう打ち明けた。「この法律事務所に入ったとき、パートナーになった女性は三人しかいなかったの。そして、彼女たちはわたしに口をきいてくれなかった。二人の男性がわたしに興味を持ったけど、わたしが少し昇進して目立つ仕事をしはじめると、たちまち手を引いたわ」

一般的に、男性のほうが女性よりも競争に慣れていて、競争に脅威を覚えないのではないかと思う。おそらく、男性は校庭で球技をして育ち、勝ったり負けたりに慣れているせいかもしれない。そして、もしAくんほどいい選手ではなくても、それを受け入れ、放課後にはAくんの友人になろうとする。女性はしばしば、手に入れようとしているものに対して他の女性を直接の脅威とみなす。

科学的に証明はできないが、それはまちがいなく嫉妬の不快な形だと思う。フランスの働く女性に対する最近の調査がある。「昇進のためなら、ためらわずに同僚を裏切るか？」という設問に対し、三〇％の女性が裏切ると答えている。あなたがすでにある程度の個人的および職業的成功をおさめているなら、嫉妬についてよく知っているだろう。それはオフィスでは、男性よりも女性に対してマイナスの影響をおよぼす。男性が仕事で成功したり昇進したりするとき、ほかでもない彼が選ばれた理由が、わたしにはいつもはっきりとわかる。女性が昇進するときは、「どうして彼女で、わたしではないの？」というコーラスを常に感じる。わたしがビジネスで知りあった女性の中には、わたしの成功に腹を立てて、自分だってその仕事ができるのにと考えている人たちがいることも承知している。しかし、タイミングと才能と機会が重なり、わたしの仕事になったのだ。人生が公平だとは誰も言っていない。

女性がトップにのぼりつめるなら、活躍している専門職の女性同士で合同コミュニティを作り、お互いに助けあうようにする必要があるかもしれない。「トップに立つのは孤独だ」という古い格言には、いくばくかの真実が含まれている。女性にとって、トップに立つことはいっそう孤独になる可能性がある。成功した女性は同じような立場の女性に、女性にしか理解できない質問をする必要が出てくる。たとえば役員会議などで、あなたが唯一の女性の場合、あなたの視点からとりあげられない問題や、疑問が解決していない問題があることに気づくだろう。どうしたらいいのか？　自分と同じような地位にほかにも女性がいたらいいのにと、思うかもしれない。女性の合同コミュニティがあれば、助力を求められるかもしれない。そうした合同コミュニティを作ることは、女性たちがお互いに助けあうことを促し、嫉妬をなくすことに役立つはずだ。

11 ビジネスと楽しみのために食べる

白状すると、食事をしながら、次の食事のことを考えたり、話題にしたりすることがときどきある。フランス人の遺伝子にちがいない。そういうことをする同国人をたくさん知っている。それはわたしに喜びを与えると同時に、現在食べているものからいくぶん喜びを奪う。そこで、自制することを学んだ。というのも、目の前にある皿に集中しようとしている夫や他の食事仲間をいらだたせるからだ。かたや、ビジネスの食事はしばしば人間関係を構築し、共通の興味や話題を見つけるためのものなので、誰かが過去や現在や未来の食事を話題にしても、喜んで参加する。

ビジネスと楽しみのために食べるという話題をビジネス書に含めたことを、あなたは意外に感じているかもしれない。おまけにレシピまで！　それはなぜか？　男性は

もちろんレストランで接待をするし、多くの人が顧客や同僚を自宅でもてなしている。それはビジネスライフの一部なのだ。「ビジネスのために食べること」は企業生活においてはありふれている。そして、食べることはあまりにも当たり前なので、ビジネスとキャリアにおける成長のために、そこにソフト面のスキルをとりいれる必要はないと考えているかもしれない。だがそれこそ開発するべき本物のスキルで、この分野でとびぬけた知識を持っているおかげで昇進した人々もいる。あなたをより有能なビジネスパーソンにするために、学ぶべき重要な課題を提案したい。

それに、ともかく食べなくてはならない。食べることは、人生におけるもっとも大きな喜びになりうる――まちがいなくわたしの場合はそうだ。そして、健康的なワーク・ライフ・バランスを実現するときの鍵になるはずだ。それに食事はビジネスと外交において確立されたならわしだ。せっかくだから腕を磨いたらどうだろう? 外食にしろ自宅で食事をするにしろ、あなたの人生を楽にし、ストレスを軽減し、喜びを倍増するためのコツがある。まず、いい食事には価値があることを認識しよう。

わたしにとっていい食事をすることは、わたしのブランドの一部だ。わたしそのものなのである。食べ物は知れば知るほど、まだわかっていないと悟るはてしない謎だ。さらに、ケーブルテレビ、インターネット、グローバリゼーションを通して、難解な名前の料理や食材、未知の味がどっと押し寄せてきた。パリではつい二五年前まで、レストランは例外なくフレンチだった。街の特定の地区にヴェトナム料理店が一軒あり、イタリアンは片手で数えるほど、その程度だった。

レストランはビジネスウーマンが女主人としてふるまえるすばらしい場所だ。そこがくつろげる場所になるように、わたしはお手伝いできると思う。そのあとで、個人的な食習慣についての考えを述べ、ビジネスと楽しみのために自宅でもてなすときのレシピとコツを紹介したい。

だがまず、以下のあきらかなルールについて強調しておきたい。もてなしは友情の行動であり、料理は愛情の行為である。そして、自己愛は受け入れがたいばかりか、望ましくない場合もある。

レストランにおける接待

最近、ニューヨークの比較的大きなレストランでのランチに、初対面の女性二人を招待した。二人とも仕事に成功し、郊外で子どもを育てていて、これまでそのレストランで食事をしたことがなかった。実のところ、そういうレストランにはめったに足を運んだことがなかった。わたしは事前にそのことを知らなかったし、店を選ぶことで優位に立つつもりもまったくなかった。そういうたぐいのランチではなかったのだ。わたしはたんに、そこの食べ物と控え目な量を気に入っていた。一人の招待客がわたしの直前に到着し、もう一人がわたしの直後にやって来た。最初に発せられた質問は「いちばん早くレストランに着いた場合には、バーで待つべきなんですか、それともテーブルに行くべきなんですか?」だった。

簡単にいうと、招待する側なら、早めに到着して、まっすぐテーブルに行くべきだ。ゲストが来るまでの時間を利用して、メニューとワインリストに目を通し、何を注文するべきか考えておく。あなたがゲスト側で招待者側よりも先に到着したら、答えはさほど簡単ではない。ほぼ約束の時間に着いたならテーブルに行く。そしてウェイターが飲み物の注文にやって来たら水を注文するか、けっこうだと断る。そして、メニューをくださいという。招待者側でもゲスト側でも、なんらかの理由で遅れるなら、レストランに電話して受付に伝言を残すか、メールを送る(ただし、ビジネスエチケットに従うと、テーブルでは携帯電話の電源は切っている)。とにかく連絡をとるか、とらないかでは大きなちがいがある。

最近アメリカでは、挨拶のときに握手するべきか、エアキスをするべきか、ちょっとした問題になっている。ヨーロッパでは、出会った人々は男女を問わず必ずキスをする、通りで、家で、レストランで。わたしがアメリカに来た当時、人前では誰もキスをしなかった。とりわけレストランで初対面の人とすることはなかった。それが都会では、少しずつ変化しつつあるように思える。アメリカでは、わたしはビジネスの食事の席と、初めてオフィスで会う相手とは握手をしている。キスをするときは、握手で手をとってから引き寄せ、右頬、左頬と順番に宙でキスをする。触れたり、メイクをくずしたりはしない。アメリカではたいてい右頬だけだ。こうした社交慣習はダンスのようなものだから、状況にあわせるようにしよう。

ゲスト側は招待者側が席を決めてくれるのを期待している。一般的にディナーがいくぶんフォーマルで、ゲストの数が四人以上なら、「もっとも重要な」人物は招待者の右側にすわる。それから男性、女性と交互にすわっていく。招待者は会話が盛り上がるように席順に配慮しよう。壁を背に長椅子がある場合、女性が長椅子側にすわり室内に顔を向けるのが伝統的だ。男性は女性と壁に向きあう。

ビジネスのディナーでは、多くの人が仕事のあとで家にいったん帰る余裕がないので、オフィスに遅くまで残っていて早めにレストランにやって来る。そこで、バーで時間をつぶしているかもしれない。ただし、あまり飲みすぎてはいけない。偉大な美食家で、《ニューヨーカー》誌の一世代前のライター、A・J・リーブリングは、コネチカットの有名なフレンチレストランを訪れたときの話を書いている。裕福な常連客たちがディナーの席につく前に、さんざんきこしめしていたというのだ。彼らは料理に注意を向けるまでにかなり時間がかかり、フランス出身のオーナーシェフは失望して、バーボンをオンザロックであおっていたと報告している。料理はあまりおいしくなく、スペシャリテは「死んだ赤、白、青の牡蠣のジェリー寄せ」だった。その料理に対しては常連客は意見を述べた。「少なくとも、それには気づいたのだ……色に注意を引かれたのだろう」

わたしの母は家でもてなすのが上手だったので、母の豪勢な日曜のランチは人気だった。ただし、彼女独自のルールによって、ランチの前にハードリカーは禁止だった。「味蕾《みらい》と精神を麻痺させるから」と母はよく言っていた。ビジネスのディナーは、金曜夜の友人たちとのくつろいだ食事とはちがうことに留意しよう。

あなたが招待者なら、もちろん、あなたのゲストと目的にあったレストランを選ぶべきだ。ただし、ゲストにレストランを決めてもらうなら、頭に描いているお店のタイプと価格を示す二種類の提案をしてから、ほかに行きたいところがあるかとたずねるようにする。あるいは「ふたつほど提案してもらえますか？」と頼む。ゲストが「ずっと」行きたかった店に連れていければ、あなたの勝利だ。必ず、相手の食の好みと習慣を聞きだしておくこと。わたしはベジタリアンをステーキハウスに連れていくという失敗をしたことがある！　わたしのよく知っている仕事相手は、何でも食べ、今いちばん旬の店に行きたがる。ただし、会話ができないほど騒々しくなければという条件つきで。そこで、わたしは彼らに敬意を表して、新しくて話題になっているすばらしい店をなんとか予約するのだ。

レストランで接待するときには、ふたつのルールがある。ひとつ目は、ゲストと特別親しくなければ、行ったことのないレストランには連れていかないこと。あるいは、彼らの街や都市にいるなら、彼らがほめないような店には行かないこと。まずい食べ物や不適切な雰囲気に、不愉快な思いをさせられる可能性がある。あなたがレストランを選んだのなら、あなたの印象が悪くなる。それは避けたいだろうし、ビジネスのゲストには心をこめた特別なもてなしをしたと感じてほしいはずだ。

第二のルールは、三軒のレストランの常連客になること。できたらスタイルと食事が異なる店がいいだろう。そうすれば個人的で特別な扱いを期待できる。重要なビジネスの会合のために食事をしても、そこなら安全だ。いいレストランで、どうやってＶＩＰになれるのだろうか？　簡単だ。一年を通じて定期的に食事をして、気前よくチップをはずむ。最初はひと月に二、三度食事をすれば、そういう関係になれるだろう。スタッフはすぐにあなたの顔と名前を覚えるはずだ。そして当然、あなたは一見の客よりも、もっと温かい、いいサービスを受けられるだろう。

招待者が勘定を払う場合は、何を注文するのが適当かを示唆して、ゲストを安心させる責任がある。わたしはこう言うこともある。「お好きなものを何でも注文してください」（とても高価なキャヴィアやトリュフがあることは承知のうえで）。ご自由にどうぞということを示したのだ。あるいは「シェフおまかせのメニューはいかがですか？」といって、何皿もの料理からなるコースを頼んでもかまわないことを示す。よく使うのは「わたしはXを前菜にいただいて、Yをメインにしようと思っています」。あるいはただ「前菜とメインをいただくつもりです」。それによって、ゲストは一品または三品ではなく、二品のコースが適当だとわかるだろう。デザートは食事のあとに決める。多くの人は食事に気を遣っている。だが、「ドレッシングを添えたサラダを前菜にいただくわ」と一流レストランで聞くと悲しくなる。わたしなら、ときには「ひとつは前菜として、ふたつ目はメインとして、前菜をふたつ注文します」と言うこともある。型にとらわれることはないことを示し、自分は量の調整をしているので、あなたもお望みならどうぞと伝えているのだ。実際、わたしはいつも少量のコースを頼むことにしている。

これまでわたしが食べておいしかった料理を教えてくれと頼まれたときは、その責任を避けるようにしている。レストランがひとつかふたつの特別な料理で有名なら、それを伝えることはあるが。その質問をかわし、招待客の役に立つためには、ウェイターにたずねることだ。「今夜のZはどうかしら?」それによって、ゲストたちが料理を決めるための会話を弾ませることもできる。

メニューが決まったら、次はワイン選びだ。多くの人にとっては悩みの種だろう。適切なワインは心と舌をなめらかにし、食事の経験を高める(ホストとして適量以上を飲まないように気をつけよう。これはビジネスなのだ)。また、ワインの選択によってゲストを喜ばせることもできる。ご心配なく。三つのよくある状況とアプローチ方法をご紹介しよう。

さて、あなたがワインに詳しければ、アドバイスは不要だ。適当なワインを注文して、先に進み、みんなを安心させればいい。しかし、ソムリエのように、レストランのワインリストの複雑さと楽しさを知っていることはめったにないだろう。そこで、少なくとも不安なときは、注文をとるウェイターにこう言おう。「赤ワインを(あるいはフルコースだったり、大勢の人が別々の料理を選んだときは白ワインと赤ワインを)考えているんだが、〇〇とか(そこにはあなたの予算内の知っているワインを入れる）」その結果はこんなふうになるだろう。「ソムリエを寄越しましょう」あるいは、ウェイターがこのレストランのワインに詳しければ、予算内の別のワインをひとつ、ふたつ紹介してくれるだろう。ウェイターはあなたの好みを知らないが、彼または彼女を信頼しよう。彼らは楽しんでもらえるワインを知っているし、リストに載っているお値打ちのワインも知っているし、まちがった選択をすることはないはずだ。そんなことをしたら、彼らの得にならない。こうして、あなたはワインを選ぶという重圧から逃れられる。ソムリエが来ても同じような成り行きになる。

第二の状況は、テーブルにワインマニアがいる場合だ。そうした人物は何を飲むべきか強い意見を持っているだろう。その人をソムリエのように扱おう。「この赤を考えているんですけど」そして、その人が鈍いか傲慢でないかぎり、その価格帯でみんなを喜ばせるワインを選んでくれるだろう。それを注文しよう。あなたが考えている予算よりも高いワインがいいと言いはったら？　可能なら注文しよう。あなたは招待者で、ゲストは常に正しいのだ。いずれ、その元はとれるだろう。それに、このワインマニアは、二度とディナーに招く必要はないのだ。

三番目の場合は、ワインをその場で選んでもらうために、ゲストを招待した場合だ。あなたのプレッシャーはなくなり、かたや決定する立場の人間は窮地に立たされる。

何年も前に、しじゅう招待されては、ワインを選んでくれと頼まれるワインライターから抜け目のない作戦を教わった。リストにある二番目か三番目に安いワインを注文するのだ。レストランがワインに力を入れているなら、それでいいだろう。控え目な人に見える。それにウェイターかソムリエか招待者がそのワインではよくないと思ったら、さりげなく別の選択肢を提示されるだろう。そうしたら招待者に選ばせればいい。こちらは責任を果たしたのだ。招待者はゲストの選択肢をアップグレードして、得意に感じるだろう。

こうしてビジネスの会食を楽しんだあとで、会計はどうしたらいいだろう？　あなたが招待者ならば、あなたが払うべきだ。ただし勘定書のトレイにクレジットカードを放りだしたり、最後になってあわてたりしないように。わたしは招待されたとき、わが社のシャンパンかワインを必ず飲むようにしたかったり特別なボトルでその夜を記憶にとどめたい場合に、まえもってワイン代を払うことを申し出ておくことがある。ふつうは、招待側が勘定を払うだろう。招待側の会社でいちばん上の地位の人間が勘定書をとりあげるのがルールだ。わたしがしばしばやるのは、ディナーの終わり頃に立ち上がって勘定を清算し、またテーブルに戻ることだ。クレジットカードの伝票にゲストの前でサインしなくてすみ、スマートだ。

自宅でもてなす

ビジネスのために自宅でもてなす――クライアントや関係者、ボスを自宅で食事やカクテルでもてなして親睦を深めれば、特別な成功をおさめられるかもしれない。また、そういうこととは関係なく楽しいものだ。自宅でのもてなしは個人的な関係を作るための近道であり、記憶され感謝をされ、ゲストたちをいい気分にさせるだろう。最高の陶器やりっぱなダイニングルームは必要なく、喜ばせたいという意志があればいい。それに、起こりうる最悪のことは何だろう?

レストランで頻繁に接待をしているにもかかわらず、わたしは自宅でのもてなしをずっと続けてきた。その結果、多くのゲストに強い印象を残すことができ、何年もたってから、食べた物や話したことを思い出させてくれる人もいた。そうした機会の多くが、多くのレストランでのビジネスの会食以上に、わたしにとっても忘れがたい記憶になっている。

『フランス女性の12か月』で、わたしはもてなしについて詳しく書いた。だが、そこでは申し上げなかったが、もてなしには三つの手間しかかからないし、付加価値のある三つのディナー・メニューがあればいいし、仕事のために自宅でのもてなしを成功させるためには、ちょっと練習すればいいだけなのだ。一、二度練習すれば、一生役に立つし、同じテーマでさまざまなバリエーションを作れるだろう。そのぐらい簡単なのだ。恐れることはない。

有名な美食家ブリア＝サヴァランはこう言った。「家に人を招くことは、彼が屋根の下にいるあいだ、その幸福に責任を負うことだ」たしかにそうだ。では食べ物やメニューについてお話しする前に、舞台を作る準備についてご紹介しよう。

仕事関係者をもてなすときは、当然、親しい友人や親戚をもてなすのとはちがう。しかし、招待者の責任は同じだ。ここにいくつかのコツを挙げておこう。

●**自分らしくふるまう**　笑顔を忘れずに。あなたが楽しんでいて、感謝し、気前がよいことを示し、ゲストに歓迎されていることを感じさせよう。

●**やりすぎないように**　さもないと失敗しかねない。装飾も食べ物もシンプルがいちばんだ。

●**計画が大切**　手伝ってもらうことをリストにする　ケータリングは避け、親密な雰囲気を出すために、少なくとも三分の二の料理は手作りにして個性を出そう。やむをえないなら、デザートは買おう。細かいことを見越しておくのがとても役に立つ。

●**話題に気をつける** 仕事仲間をもてなすのだと、たいていの人が仕事以外の話題を見つけるのに苦労する。休暇の計画、趣味など、仕事と無関係なことについて質問しよう。たとえば「お誕生日だったら、ディナーに何を食べたい?」とか。実をいうと、わたしも常に成功するとは限らないのだが、ゲストは内輪の仕事の話がちらっと出ても許してくれるのではないかと思う。たぶん、ほんのわずかな仕事が隠し味になって、楽しみが強調されるだろう。

準備

ディナーの前の飲み物

挨拶を交わすカクテルアワーは、ワイン、シャンパン、水、ノンアルコールがいい人のためのジュースといったものでかまわない。ゲストにあわせよう。もっとも重要なゲストの好みを知っていたら、それを出す。ただし食事を出すつもりなら、シンプルであまり強くないものをお勧めする。そして、もちろん、アルコールを出すときには、必ずちょっとした食べ物を添える——フィンガーフードがいいだろう。

たまに自宅で大きなカクテルパーティを開いて、一度にたくさんの人たちに会うことがある。去年の夏、わたしたちは月に二度もパーティを開いた。一度はニューヨークで、もう一度はプロヴァンスで。ニューヨークではたくさんの人に参加してもらい、ロゼシャンパン、赤ワイン、水、フィンガーフードを出した。誰も赤ワインを飲まず、みんながシャンパンを試そうとした。たいていお代わりをした。ずっと水で通すか、途中で水に切り替える人は少なかった。プロヴァンスでは、ロゼワイン、パスティス（地元のアニスベースのアルコールで、おいしいノンアルコールのものもある）、水を出した。全員が楽しむためにやって来て、見たところおおいに楽しんでいるようで、出されなかった飲み物をほしがることもなかった。大切なことは、ゲストに出すべきものがないのではと、心配しないことだ（三〇年物のシングルモルトなんて不要だ）。感じのいいものを出して、それですませよう。

テーブルセッティング

わたしの家では、ディナーの食器に関してはフォーマルではなくカジュアルをとりいれている。持っているものを使おう。わたしはセットの食器を買ったことがないし、ニューヨークでもてなしをしていた歳月、それぞれの料理にちがう皿を使ったし、白だけでなく色とりどりの陶器と磁器をいっしょに並べた。全員に行き渡るだけの色とデザインが揃った皿がないこともあって、ひとつのタイプを女性に、別のタイプを男性に出した。常にそれが話題になった。食べ物を魅力的でおいしそうに盛りつけることに注意しよう。メイン料理には三色ルールを適用している。それによって料理がカラフルになるばかりか、栄養のバランスのとれた食事になる。それに一枚の皿に三つの食べ物——たとえば肉か魚と野菜二種類——をのせれば、ポーションは少なめですむ。

ナプキン、グラス、カトラリー

紙製のカクテルナプキンは、さまざまな色や形やデザインが売られているので、食事前の飲み物にあわせるには充分である。しかし食事になったら、布製のナプキンをぜひ用意したい。白のリネンなら見栄えがするし、どんなタイプや色の皿とも釣りあう。最近は多くの招待者がテーブルクロスの代わりにプレースマットを使いたがる。とりわけ、テーブルがモダンなデザイン、たとえばガラストップならテーブルクロスはなくてもいいだろう。ランチなら、ナプキンは皿の中央に置くが、ディナーでは皿の左側に置く。グラスの場所——いちばん左側から順に水のグラス、白ワイン、赤ワイン。高価ではなくてもちゃんとしたワイングラスひとつで、すべてに対応できる。すべての料理に充分なカトラリーがない？　心配はいらない。必要なら、ゲストにナイフとフォークを手元に残しておくように言えばいい（一組ずつしか出さなければ、どちらにしても気づくだろう）。数があるなら、出そうと思っている料理にあわせて外側から内側に、フォークを左側に、ナイフを右側に並べる。

座席順と礼儀正しさ

いいテーブルマナーは決してすたれない。誰もが完璧な招待者になれるわけではないし、テーブルマナーやもてなし技術の本は読んでも退屈かもしれない。最近はますます柔軟になってきているが、格式ばったもてなしだと、多くの人がおじけづいてしまう。「少なければ少ないほどいい」というわたしの価値観にのっとって、実践しているいくつかのことをご紹介しよう。

座席順は、あなたがもてなすゲストのタイプによってあらかじめ考えておくべきだ。ゲストたちが楽しく過ごせることが第一の目標だということを忘れないように。ボスと配偶者が今回初めて自宅のディナーに来ることになっていて、ボスが男性なら、彼をあなたの右側にすわらせよう。ボスが女性なら、あなたの配偶者かパートナーの右側にすわらせる。

すでにあなたの家に来たことがあるゲストなら、いちばん年上かいちばん地位が上の女性をあなたのパートナーの隣にすわらせよう。ただし、ルールや慣例は破られるものだ。カップルをばらばらにすわらせることは認められているし、むしろ好まれているが、カップルにもよる。内気な女性を社交的な男性の隣にして、バランスをとるのもいい（パーティの会話のゴールデンルールを思い出そう。質問をされるのを待たない。隣の人を楽しませ、気配りのある人になろう）。六人から八人以上のゲストなら、ディナーの用意ができたと告げたときに、名札を置いておくと楽になる。ところでボスを招待するときには、他の仕事仲間を招かないほうが一般的には望ましい。結局のところ人間関係を構築しようとしているのだから、焦点をあわせよう。

席順をどう決めるかは、文化によっても変わる。アメリカでは招待者夫婦がテーブルの上座に着くことが多い。フランスでは中央に着く。モロッコでは床にすわり、指で食べる。その国を訪ねる前に、ひととおりのルールを知っておこう。シャンパーニュ地方の城で初めてランチに参加したときのことは、今でも鮮やかに覚えている。前菜として走りのアスパラガスが供されたあとで、なんと二人の青年がフィンガーボウルの水を飲んだのだ。教訓。食卓の道具をどうしたらいいのかわからなかったら、招待者を観察して真似しよう。映画《プリティ・ウーマン》で、ジュリア・ロバーツが生まれて初めてエスカルゴを食べるシーンを覚えているだろうか？　エスカルゴとかフィンガーボウルを使うような料理は、自宅で開くビジネスディナーでは出さないほうがいいだろう。

わたしは重視しているが、もはやすたれかけているテーブルマナーのひとつは、ナイフとフォークを皿の五時の位置に置き、招待者やウェイターに食べ終わったことを示すというものだ。わたしがこの世を去るとき、このすばらしい慣習を覚えている最後の人間になっているかもしれない。

雰囲気とアンビアンス

花好きの家庭で育ったので、パーティのときに、花がないことは想像できない。数本のフリージアやスイートピー、アネモネをさした小さな花瓶でも、「ようこそ」と迎える雰囲気になる。ダイニングテーブルには贅沢な花は避けよう（特に香りの強いもの）。ワインの香りとあまりなじまないからだ。さらに、背の高いアレンジメントはテーブル越しのアイコンタクトを邪魔する。ライラックやボタンのような香りのある花は、トイレやエントランス用にとっておこう。照明は重要だ。数本の香りのないキャンドルは、心和む雰囲気を作りだすが、やりすぎないように。やわらかい光は肌をきれいに見せる。音楽はむずかしい問題だ。小さなディナーパーティなら必要がないし、大きなグループなら、多くの騒々しいレストランで耳にするよりもずっと控え目にかけるべきだ。

贈り物とサプライズ

誰かを自宅に招くことが返礼としての招待だとしても、不思議ではない。それをまえもって伝えよう。かつてフランスではそれがルールだったので、自宅でのもてなしの抑制になった。わたしたちは受けとったもの以上に与えたがるし、楽しませてもらった以上に楽しませたいと思う。楽しくもないのに、義務として繰り返し約束を入れようとする人はいないだろう。楽しく過ごせば、しばしばまた集まろうとする。自宅でもレストランでもイベントでも。だから楽しませれば、あなたはまた集まりに仲間入りできる。

初めて誰かの家に招かれたら、前日に「明日を楽しみにしています」というちょっとした手紙をつけて花を送っておこう。相手と場合に応じて、名刺をつけるほうがいいかもしれない。どういう部屋にもあう、丸いアレンジメントがベストだ。花の色については、白がどんなインテリアにもあう。ただし、花の色とタイプについては文化的なことを考慮しよう（たとえば環太平洋地域やイスラム教では、白い花は葬式を連想させる）。事前に花を送りたくない、あるいは忘れたら、手書きの礼状をつけてあとから必ず送るようにしよう。よく行われていることだが、切り花をディナーパーティに持参するのはお勧めできない。招待者はゲストと話をしたり、食事を用意する代わりに、ふさわしい花瓶を探して花を活ける時間を捻出しなくてはならなくなるからだ。それに当然、ぬかりなく準備をしている招待者なら、すでに家じゅうに花を飾っているだろう。人をもてなしたことがあれば、どういう感謝の贈り物がもっとも歓迎されるかわかるだろう。シャンパンかワインのボトル、お茶、チョコレート——招待者をもっとよく知っていれば、本、ＣＤ、香水、キッチンや庭用のもの、あるいは、あなたらしさを語る特別な何か。

料理とメニュー

食事を作ることは誰にでも学べることだ。天才である必要はない。それにわくわくする優雅でおいしい料理を出すために、完璧なシェフになる必要もない。誰がやっても失敗しない手慣れたレパートリーが少しあればいいだけだ。料理上手になるには、あるいは料理を学ぶには、練習こそが大切だ。ただし、料理をして喜ばせたいという気持ちが必要だが。成功のためのもうひとつの秘訣は、計画、手順のよさ、季節とシンプルさを大切にすること（二八種類の材料や、八個の珍しい道具や、キッチンで六時間も悪戦苦闘しなくてすむレシピ）。それに落ち着くこと。旬の食材は「ストレスがない」と言いかえられる。さらに、ゲスト相手に実験はしないこと。「おもてなし」の料理には、さらにふたつのルールをもうけている。料理はシンプルでなくてはならない。それは簡単にすぐにそろえられる、それほど多くない材料で作ることができ、手早く直前に作れるものや（クッキングペーパーで包んだオーブン焼きは、たいていうまくいく）、長くゆっくり時間をかけて作れるもので、ゲストが到着したときにはオーブンから出すだけというものがいい。そうすればディナーのあいだ、あなたはゲストのいるテーブルをあまり離れなくてすむだろう。

人は自宅で料理をしてもてなさない理由をあれこれあげる。自信がない、時間がない、鍋も皿もナイフも、テレビの料理番組で見るような調理器具もない。言い訳は捨ててしまおう。もう一度聞こう、起こりうる最悪のことは何だろう？　あなたの用意した料理が完璧でなくても、謝ることはない。実をいうと、謝ることによって、それまで気づかれなかった欠点が注目され、もっと事態が悪くなりかねない。ビジネスでは、そういうことを数えきれないほど目の当たりにしてきた。たとえば、スタッフのプレゼンテーションとか大規模の講演とかで、こんな謝罪が口にされる。「申し訳ないが、大勢の前で話すので、とても不安になっています」「これは初めてのプレゼンテーションなので、もし……」男性がこんなふうに謝ることがあるだろうか？

友人のヘレンのアクシデントのことを思い出す。彼女はおいしいパエリヤを作り、テーブルに運んでくるとこう言ったのだ。「ごめんなさい、みなさん、ロブスターを入れ忘れたわ。たった今、思い出したの」たしかに彼女は忘れたのだが、それを口にする必要があっただろうか？　ノー。たいていのパエリヤはロブスターを必要としない（コストがかかるでしょう？）。それに、彼女のものはシーフードパエリヤで、他においしいものがどっさり入っていた。したがって、彼女の謝罪は全員にとって不適切に思えた。手元にあるものでやりくりすればいいのだ。

かたやリタは「災難」に見事に対処した。彼女は娘のコンサートのあとでチョコレートフォンデュをふるまうからと、友人たちを自宅に招いた。お祝いのためにすべてが準備されていた。その朝、数時間かけてさまざまなフルーツを切り、大皿に並べ、チョコレートすら溶かしておいた。ゲストたちと家に帰ってきたら、あとはフルーツの皿を出し、チョコレートをフォンデュファウンテンの機械に入れるだけだった。準備は万全だったので、大成功になるはずだった。ところが、準備を手伝ったティーンエイジの息子が機械の組み立てをまちがえた。リタがファウンテンのスイッチを入れると、チョコレートの花火がゲストの前で打ち上げられた。幸い、チョコレートまみれになったのはリタと息子だけだった。大きなテーブルとテーブルクロスもだが。そして、機械を止めるのに数秒かかった。のちに彼女は永遠にも感じられたと言った。そのときには、全員が涙が出るほどげらげら笑っていた。リタはあくまでリタらしく、冷静さを失わずにこう言った。「ショーはこれでおしまいよ。本物をいただきましょう」キッチンに行き、逆さに留められた部品をつけ直し、チョコレートを追加するとフォンデュを作った。それは戦場での優雅さと呼びたい。そのパーティは成功だった。

食事に署名する

何をどんなふうにゲストに出すかという選択は、あなたについて多くを物語る。それはあなたのブランドの一部なのだ。あなた特製の料理は何だろう？　たとえばTおばあちゃんのアップルクッキー、Dおばさんのポットロースト、ママのスパゲッティ・ボロネーゼ。あるいは、特別なレストランで楽しんだ料理をアレンジして、得意料理としているかもしれない。自宅でもてなす仕事関係の食事に、それらを含めるようにしよう。メニューにあなたらしさを出し、あなたのスタイルや個性を反映するようにする。楽しく、いわれを語れるような料理をひとつは含めるように。人に語れるような話を持つのだ。

　このあと紹介するメニュー例に、オードブルは含めなかった。わたしはいつも一杯のシャンパンか白ワインに、オリーヴ、パルメザンチーズの薄切り、さまざまなナッツ、サラミの薄切り、薄いプロシュートハムを巻きつけたグリッシーニ、おいしい食料品店のチーズスティックなどを盛りつけたトレイを添えている。そうすれば、準備したり温めたりする必要がなく、ゲストとの会話や、ディナーの最後の仕上げに集中できる。特別な場合には、たまにグージェール（チーズ風味のプチシュー）を作ることもある。それはシャンパンにぴったりだと思う。ただし、食べだしたら止まらないことがあるのでご注意を。ダイニングテーブルにすわる前に空っぽの胃にお酒を入れてしまわないように、ほんのちょっぴりだけ食べ物を出すことにしている。料理を追加するなら、フランス風に食事の最後のほうでチーズを出すのが好みだ。たいてい、オリーヴかクルミのパンのスライスを三切れほど添える。アメリカでも海外のさまざまなチーズやすばらしいパンが手に入るので、大半のゲストが新しい種類のチーズを味見できて満足しているようだ。

メニュー1

全部《トゥ・ト・ショコラ》チョコレートで

10人中9人はチョコレートが好きにちがいない。そして最後の10人目はおそらく嘘をついているのだ(そういうと、たいてい笑いが返ってくる)。チョコレート尽くしのメニューは注目の的になるし、おいしい。チョコレート好きの人にも、ヴァレンタインデーにもふさわしいだろう。鴨料理はチョコレート嫌いの人にも気に入られるだろう。ボスがこのもてなしを絶対に忘れないことは保証する。

前菜　クルミのヴルーテ(スープ)、チョコレート風味
メイン　鴨のムネ肉、りんごとチョコレートのソース
デザート　チョコレートムース、ジンジャー風味
つけあわせ　鴨にグリーンピース(冷凍または生)を小さなサイドディッシュ用ボウルに入れて添える。あるいは特別な野菜をあなた流の調理で。
ワイン　ミディアムボディからフルボディの赤ワインで最初から最後まで通せるだろう。カベルネ・ソーヴィニヨンはチョコレートと相性がいい。したがって、カリフォルニアかチリのカベルネかボルドーがわたしの選択だ。ただし、あまり重すぎないものを。デザートワインに散財できるなら、ミュスカ・ド・ボーム・ド・ヴニーズのようなマスカットベースの甘口ワインが、チョコレートとぴったりだ。バニュルス(フランス、ラングドック・ルーション地方の極甘口赤ワイン)もいい。上等なコニャックもあうだろう。

クルミのヴルーテ(スープ)、チョコレート風味
Chestnut Velouté au Chocolat

材料[4人分]

クルミ(皮をむく)……450g
野菜スープストック*1(ビーフスープストックでも可)…2〜3カップ
ヘビークリーム*2 ……½カップ
サワークリームまたは生クリーム ……小さじ2
塩と挽きたてのコショウ ……適宜
ダークチョコレート*3またはココアパウダー(飾り用)…少々

作り方

1 クルミを2カップのスープストックといっしょにソースパンに入れる。沸騰したら蓋をとって、45分間煮る。その際クルミが常に浸っているように必要に応じてさらにスープストックを加える。

2 クルミがやわらかくなったら、とりだし、スープストックはとっておく。フードプロセッサーかブレンダーでクルミをピュレ状にする。クルミのピュレをとっておいたスープストックの中に戻し、かき混ぜ、ヘビークリームを加えて熱くなるまで数分火にかける。塩コショウをふる。

3 めいめいのスープ皿に入れ、サワークリームか生クリームを中央に少し垂らす。その上に削ったダークチョコレートか、ココアパウダーを散らす。

ポイント

1と**2**の作業の大半は前日にすませておき、出す前に温め直す。

*1 野菜(あるいは肉、骨など)と香辛料を煮だした出汁のこと。
*2 アメリカでは乳脂肪分36%以上の生クリームをさす。
*3 カカオ分60%以上のもの。

鴨のムネ肉、りんごとチョコレートのソース
Duck Breasts with Apples and Chocolate Sauce

材料[4人分]

鴨のムネ肉	**2枚**
赤ワインビネガー	**大さじ2**
チキンか子牛のスープストック	**大さじ2**
水	**大さじ2**
ダークチョコレート(粗く刻む)	**60g**
りんご(紅玉かグラニースミス)	**2個**
塩と挽きたてのコショウ	**適宜**

作り方

1 鴨のムネ肉を室温に戻し、調理中に脂肪が溶けやすいように皮に切り目を入れる(浅く十文字の切り目をつける)。中火でフライパンを熱し、最初に皮目を焼き、次に裏返して焼く。両面とも5～7分程度焼く。温めた皿にとりだし、ホイルで包む。

2 フライパンの脂にビネガーを注ぐ。スープストック、水、チョコレートを加える。チョコレートが溶けるまで弱火で温める。塩コショウをする。

3 りんごを洗って芯をとる(歯触りと色どりのために皮は残しておく)。4つ割りにしてから、細い千切りにする。

4 チョコレートソースの半分をめいめいの皿に注ぎ、スパチュラやスプーン(あるいは指)で模様を作る。皿の中央に千切りのりんごを盛る。鴨のムネ肉を2.5㎝の厚さに斜めにスライスして、りんごの上にこんもりとのせる。残りのチョコレートソースをかけて、すぐにゲストに出す。

ポイント
りんごは洋梨でも代用できる。ただし梨が熟しすぎていず、この料理のさまざまな味わいを増すしゃきしゃきした歯ごたえが残っていることが必要。

チョコレートムース、ジンジャー風味
Mousse au Chocolat with Ginger

材料[4人分]

ダークチョコレート(粗く刻む) ……330g
ヘビークリーム ……240g
バター ……56g
卵白 ……2個分
砂糖 ……大さじ2
ショウガのコンフィ
(グルメショップで入手可:細かくみじん切り) ……56g

作り方

1 チョコレートを60gのヘビークリームといっしょに中火で湯煎する(沸騰した湯に浮かべた鍋を使う)。火からおろし、全体がなめらかになるまでバターを加えてよく混ぜる。
2 残りのヘビークリームを固い角が立つまで泡立てる。卵白を泡立て、固くなるまで少しずつ砂糖を加えてメレンゲを作る。メレンゲとホイップしたクリームをそっと混ぜあわせ、**1**を大さじ2杯加える。
3 残りの**1**にショウガのコンフィを加え、**2**の中に混ぜあわせる。
4 最低2時間ほど冷蔵庫で冷やす。
5 1人分ずつ小さなカップあるいはヴェリーヌ(ごく少量のスープやアミューズ用に、しゃれたレストランで使われている小さなガラスの容器)に入れる。

ポイント
バリエーションとして、ムースをデザートプレートの中央に盛りつけ、マンゴーのピュレを周囲にしぼる。

これは前日にこしらえておける。そのほうがわたしは好みだ。

メニュー2

プロヴァンス風のチキン

エクサン・プロヴァンスに住むいとこのアンドレがよくこの料理を作っていた。じっくり加熱することと、地元の甘口ワインのおかげで、甘すぎない独特の風味のある一品に仕上がった。そして、つけあわせの野菜にもひと工夫を加えよう。寒いニューヨークの冬の夜には、根菜(カブ、パースニップ*1、根セロリの３種類)がおいしい。春なら、ニンジン、グリーンセロリがすばらしくあう。作り置きしてもおいしいので、大きな鍋ふたつにチキンを煮れば、2日分の食事が用意できる。これは冷めてもおいしい。

前菜　マグロのミルフィーユ
メイン　チキンのプロヴァンス風、ミュスカ・ド・ボーム・ド・ヴニーズ風味
デザート　ライスプディング、キャロライン風
つけあわせ　好みの野菜
ワイン　チキンにはワインを。軽めの赤ワインもいい選択だが、この料理ではサンセールのようなやわらかな白ワインをあわせるほうがわたしは好きだ。母はアルザスのリースリングをよく出していた。デザートワインは必要ない……もっともボトルが開いているので、甘いミュスカ・ド・ボーム・ド・ヴニーズを出してもいい、もちろん《ビヤン・スール》。

＊1　セリ科の根菜。

マグロのミルフィーユ
Tuna Mille-Feuille

材料［4人分］

オリーヴオイル	大さじ3と小さじ2
ステーキ用のマグロ	340g
塩コショウ	適宜
赤ピーマン（千切りにして4分ほど蒸し、冷やす）	1個
アボカド（皮をむき、5㎜角に切る）	1個
マンゴー（皮をむき、5㎜角に切る）	1個
パセリ（みじん切り）	小さじ1
コリアンダー（みじん切り）	小さじ1
ディジョン・マスタード	小さじ1
レモン（果汁）	½個分
りんご（紅玉かグラニースミス：皮をむき、4つ割りにして千切り）	1個

作り方

1 小さじ2のオリーヴオイルを中くらいのフライパンに入れて中火で温める。ステーキ用のマグロの両面に塩コショウする。フライパンが熱くなったら、マグロを入れてミディアムレアになるように両面を3分ほど焼く。最低30分冷蔵庫で冷やす。

2 塩コショウ、赤ピーマン、アボカド、マンゴー、ハーブをボウルで混ぜあわせる。

3 ヴィネグレットソースを作るために、マスタードとレモン果汁をボウルで混ぜあわせてから、残りの大さじ3のオリーヴオイルを加え、乳化するまで撹拌する。塩コショウする。

4 マグロを冷蔵庫から出して、1.5㎝角ぐらいに切って4等分にする。4枚の皿に四角く盛りつける。マグロの上に**2**をのせて、てっぺんにりんごを重ねる。その上と周囲にヴィネグレットソースをたらし、すぐにテーブルに出す。

ポイント

1から**3**は下ごしらえしておける。

チキンのプロヴァンス風、ミュスカ・ド・ボーム・ド・ヴニーズ風味
Chicken Provençal with Muscat de Beaumes-de-Venise

材料［4人分］

チキン ……………………………………………………1羽（1.3～ 1.6kg程度のもの）
オリーヴオイル ……………………………………大さじ2
乾燥タラゴン（あるいはタイム） ………………小さじ1
塩と挽きたてのコショウ ………………………適宜
シャロット＊1（中サイズ：皮をむく） ………1カップ
フェンネル（球根部分：長さ1.5cmぐらいの千切り） 1個
ミュスカ・ド・ボーム・ド・ヴニーズ
（あるいは他のマスカットの甘いワイン）…………1カップ

作り方

1 オーブンを180度ぐらいに予熱する。
2 チキンを4等分に切る。オリーヴオイルを塗って、大きなローストパンに並べる。タラゴンを散らし、塩コショウをする。チキンの肉片のあいだにシャロットとフェンネルを置く。甘いワインを全体にふりかける。
3 アルミホイルできっちり蓋をして、1時間半オーブンで加熱する。蓋をとり、肉汁をときどきかけながら、さらに15分ほど皮がキツネ色になるまで調理する。5分ほど休ませてからゲストに出す。

＊1　タマネギの変種といわれるネギ科の野菜。日本のエシャロットとはちがう。

ライスプディング、キャロライン風
Rice Pudding Caroline's Style

材料［4人分］

ミルク	1ℓ弱
無洗米（日本米）	170g
砂糖	½カップから大さじ1を減らした量
非発酵バター（溶かす）	28g
シナモン	小さじ½
塩	少々

作り方

1 オーブンを180度ぐらいに予熱する。すべての材料を深めのキャセロールかスフレ型に入れる。よく混ぜあわせる。

2 途中でかき混ぜずに2時間焼く。表面が金色になったら、アルミホイルで覆って、さらに15分焼く。焼き皿のまま室温で出す。

ポイント

残った場合や、前日に作っておいて時間を節約したければ、翌日に冷たくして食べられる。味はちがうが、同じようにおいしい。

メニュー3

ラムの思い出の小道

ポークを食べる機会が圧倒的に多い東フランスで育ったので、わたしはめったにラムを食べることがなかった。イースターと、家族の友人たちとの食事でたまに口にするぐらいだった。ラムの脚肉は調理も簡単で、おいしいごちそうになる。いとこのアンドレの住むプロヴァンスに1人で行くようになると、地中海風の調理を覚え、彼女のシンプルなラム料理はわたしの大好物になり、バジルと出会うきっかけにもなった。バジルは今にいたるまで好きなハーブだ。プロヴァンスの新鮮で香り高く力強いバジルは忘れられない。アンドレは料理の先生として10代のわたしに強い影響を与えた。母はわたしに食べ物を愛することと、食べ方を教えてくれたが、すばらしい料理人だったので、わたしに手伝わせるまでもなくほとんど自分でやってしまったのだ!

前菜　サバの紙包み焼き

メイン　トマトとピストゥー[*1]で煮込んだラム(当日に楽しめるように、この料理は前日に作っておき、温め直せる)

デザート　洋梨の紙包み、オレンジソース

つけあわせ　プロヴァンスでは、ラムの料理はポレンタ[*2]といっしょに楽しんだ。アルザスで母がそれを再現するときは、いつもフェットチーネかタリアテッレといっしょに出してくれた(アルザス人は魚や肉にパスタを添えるのを好む)。パリの祖母はふかしたじゃがいも《ポム・ヴァプール》といっしょに出した。アメリカに来てから、わたしは赤いおいしいじゃがいもを使っている。どのつけあわせもおいしいし、それぞれが異なるテーブルから思い出を運んできてくれる。

ワイン　ラムにはぜひとも濃厚でまろやかなローヌ地方のワインをあわせたい。わたしならお値打ちのコート・デュ・ローヌ・ヴィラージュの赤ワインか、ちょっと高級なシャトーヌフ・デュ・パプを選ぶだろう。

*1　プロヴァンス地方の方言でバジルのこと。

*2　とうもろこしの粉を練ったもの。

サバの紙包み焼き
Mackerel en Papillote

材料［4人分］

サバ（110g程度の切り身）……4切れ
オリーヴオイル……小さじ2
ライム（果汁）……2個分
ディジョン・マスタード……小さじ1
パプリカ（粉末）……小さじ1
コリアンダー（みじん切り）……大さじ1
パセリ（みじん切り）……大さじ1
塩と挽きたてのコショウ……適宜

作り方

1 オーブンを180度ぐらいに予熱する。サバの切り身が隠れ、周囲に5㎝ぐらいの余りが出るようにクッキングシートを四角く切って、8枚用意する。そのうちの4枚に軽くオリーヴオイルを塗り、中央に切り身をひと切れずつのせる。
2 ライム果汁、マスタード、パプリカを混ぜあわせ、切り身の上にかける。コリアンダーとパセリを散らし、塩コショウをする。残りのシートをそれぞれかぶせ、4辺をたたみこんで包む。
3 紙包みをベイキングシートの上にのせ、8～9分焼く（魚が調理されると、紙の上部が熱くなる）。紙包みをひとつずつ皿にのせ、すぐに出す。ゲストに自分で包みを開けてもらおう。

トマトとピストゥーで煮込んだラム
Lamb with Tomatoes and Pistou

材料［4人分］

オリーヴオイル	**大さじ2**
ラムの肩肉（5〜6㎝四方に切り分ける）	**1.4〜 1.8㎏**
トマト（ざく切り）	**900ｇ**
ニンニク（皮をむきスライス）	**1個**
ベイリーフ	**1枚**
タイム	**小さじ1**
砂糖	**少々**
水	**大さじ2**
塩と挽きたてのコショウ	**適宜**
フレッシュバジル（つぶしたもの）	**¼カップ**

作り方

1 蓋つきの鋳鉄のフライパンを用意する。フライパンにオリーヴオイルを入れて中火で熱する。そこにラムを入れ、色が変わるまで火を通したあと、トマト、ニンニク、ベイリーフ、タイム、砂糖、水を加える。塩コショウする。

2 煮立ったら蓋をし、弱火で1時間半煮込む。ときどきかき混ぜる。

3 肉が充分にやわらかくなったら、バジルを加え、よくかき混ぜて、すぐにテーブルに出す。

洋梨の紙包み、オレンジソース
Pear en Papillote with Orange Coulis

材料[4人分]

洋梨(果肉のやわらかいウィリアム種がぴったり) 4個
レモンスライス 4枚
バター 小さじ1
オレンジ(皮を含む) 2個
オレンジフラワーウォーター(食用) ....小さじ½

作り方

1 オーブンを180度ぐらいに予熱する。ヘタを残したまま洋梨の皮をむき、洋梨の表面をレモンスライスで軽くこする。バターを塗った25㎝四方のアルミホイルに洋梨を置く。
2 削ったオレンジの皮大さじ2を洋梨にふりかける。アルミホイルで包みこみ、楊枝でしっかり留める。オーブンで15分間焼く。
3 オレンジの両端を切り落とす。皮むきナイフで皮をむき、芯をとる。房をはずして、ボウルに果汁を絞る。オレンジフラワーウォーターを加える。
4 洋梨が焼けたら、紙包みを開いて、**3**のオレンジ果汁を注ぐ。すぐにテーブルに。

12 やりとげる

「やりとげること」は登山のようなものだが、どこで下山するかはあなたが選択できる。マンハッタンで、わたしたちは一五階建ての最上階に住んでいた。わたしはしばしば運動のために階段で上がった（何度も停まるエレベーターよりも時間はかからない）。最上階までのぼりきると〝やりとげた〟という達成感がある。一日に何度かのぼるときもあれば、まったくのぼらないときもある。気分が乗らないときや出歩いていた日は、八階まで階段でのぼり、そこからエレベーターを使った。八階の目標まで行き着けばいい気分だった。最終目的地は同じで、途中下車の地点がちがうだけだ。

出世の階段をのぼっていたとき、どの階まで行けば「やりとげること」になるのか、一度も考えたことはなかった。CEOになったとき、やりとげたように感じただろうか？　答えはノーだ、少なくとも最初のうちは。『フランス女性は太らない』が《ニューヨーク・タイムズ》紙のベストセラーリストのトップになったときは？　いいえ。もちろん一冊の本を書いて、誇りに感じ幸せだったが、階段のてっぺんに立ったとか、報われたとは思わなかった。おもしろいことに、仕事でやりとげたと感じたときを振り返ってみると、ヴーヴ・クリコ社に勤めはじめてまもない頃のできごとが思い浮かんだ――アラン・ド・ヴォギュエ伯爵がうっかりわたしを「マダム・クリコ」と呼んだときだ。自分が受け入れられ、尊敬されていることを示す、わたしにとっては大きな意味のあるまちがいだった。キャリアのうえで、それまで想像もしていなかった極みにまで到達したことを示すできごとだった。わたしはそれを誇らしく感じ、報われたと思い、いっそうモチベーションが上がった。

ビジネスで成功し、企業文化の中で昇進する方法を、女性たちからよくたずねられる。絶対的なレシピはないが、ある共通の材料は存在する。二〇代や三〇代の女性はしばしば、いかにしてすべてを手に入れるかとか、いかにしてＣＥＯまでのぼりつめられるかと考えて圧倒されがちだ（覚えておいてほしい。途中で下りることもできるということを。これはあらゆる年齢とステージの女性に向けた本だ）。四〇代の女性はちゃんとやってこなかったことや、周囲に忘れられないために自分が身につけておくべきことで不安になる。人は簡単な答えを求めるが、たくさんの簡単な答えが積み重なって、複雑な行動や才能のモザイク画になるのだ。

教育心理学者は情報を三回（ときには異なる入力方法で、たとえばビジュアルとオーラルのように）受けとるのが、学ぶことに役立つと語っている。講演者を訓練するときや、ジュニアハイスクールの作文の教師にはこう言われる。これから語ろうとしていることを話しなさい、実際に話してみなさい、話したことを相手に説明しなさい。たしかに、コミュニケーションがうまい人はさまざまな方法で、それをやっている。ここでは、わたしが繰り返している大切なレッスンについてご紹介しておこう。

1　危険を冒すことを恐れない

起こりうる最悪のことは何だろう？　二〇代、三〇代のとき、四〇代ですら、それほどひどいことにはならない（合法的であるかぎり）。何もしなければ何も手に入らない。ヴーヴ・クリコがアメリカで事業を展開するために、わたしはすばらしい広報の仕事を捨てた。多くの人が馬鹿な真似をしたものだ、ヴーヴ・クリコ社の構想はまちがっていると考えた。わたしはそう考えなかったのだ。だいたい失うものがあるだろうか？　ともあれ、わたしはその構想を行動に移した。マーケティングプランを書き、能力のある人々を雇った（少なくとも半分は女性だった）。いいタイミングにも恵まれ、すばらしい成果をあげ、楽しいことがたくさんあった。

2　必要なら、ボスを捨てて、才能あるダイナミックなリーダーに賭けてみよう

その人はあなたをいっしょにひきあげてくれ、あなたがその人に貢献するかぎり、あなたを守り、大切にしてくれるだろう。雇用される人間にとって、信頼はもっとも重要なものだ。あなたが出世頭の信頼を勝ち得たら、それを大切にしよう。それは大きな保険となる。そしていつか、あなたが独り立ちするとき、その上司はあなたを助けてくれるだろう。ただし、まず最初にそういう輝く人のために、仕事をしなくてはならない。それが現在のボスでなければ……おわかりだろう。

3　情熱を傾けられるものを見つけよう

それが常に仕事である必要はないが、人生はエピソードとステージでできていて、その情熱が変化する可能性があることは覚えておこう。情熱というのは、それほど単純ではない。昔からの情熱もあれば、新たに見つけた情熱もある。繰り返すが、わたしは通訳として訓練を受けたが、食べ物、ワイン、旅行、アメリカ文化とフランス文化の融合が本当に

自分の楽しめるものだと発見し、新しい業界でゼロから再スタートした（大きく後退しても、大きく前進すればいい）。

4 女性はとりわけ、成功し、尊敬されるためには、**より一生懸命、より賢く働かなくてはならない**　ほぼ男性だけの社会で、わたしは必死に働いた。成功のための近道はあまりないのだ。あっというまに出世した人のことは聞いたことがあるかもしれないが、彼女らは特別でめったにいないし、ドットコム企業で働いているのだろう。前進するという目標を掲げることはけっこうだが、注目されるもっとも確実な方法は、傑出した仕事をすることだ。アメリカでは、能力主義社会は女性にとって恩恵だが、すべての障害がなくなるわけではない。

5 **タイミングがすべてだ……それを有利に利用しよう**　物事のタイミングはコントロールできることもあれば、できないこともある。あなたにできるのは、行動のタイミングに敏感になることだ。昇進を要求するのにまずい日とか、まずい月ということもあるだろう。次の昇進は髪が白くなるまで待たねばならないかもしれない。ときにはすばらしいアイデアが予定よりも早く閃くかもしれない。

『フランス女性は太らない』の成功は、すべてタイミングによるものだった。わたしはそのアイデアを二〇年前から温めていたが、出版するのに絶好の時機だと判断できるまで待っていた。たとえ同じアイデアでも、わずか数年後の現在では、タイミングがいいのかどうか自信がない。あなたがやるべきことは、正しい時機に正しい場所にいて、いざ機会が訪れたときに、それをすばやくつかめるように準備しておくことだ。

6 勝ち組の会社で働こう

弱体化した、あるいは失敗しかけている会社でも優秀な従業員はいるが、彼らと非常に成功した会社の従業員と、どちらを雇いたいと思うだろう？　たいていの場合、後者が選ばれる。いい雇用経歴は可能性の扉を開く。履歴書に記す過去に働いてきた会社に、誇りを感じられるようにしよう。キャリアの前半で、地元、あるいは世界的に有名な名前を履歴書に書けるようにしよう。それは永久的な推薦状となるし、比較的短期間で達成できる目標でもある。

7 財務の仕事につこう

Ｃがつく地位（ＣＥＯ、ＣＯＯ、ＣＦＯ）に到達したければ、人事や広報など、伝統的な女性の役割である補佐的な仕事から抜けださなくてはならない。それでは部長止まりだからだ。コーポレート・コミュニケーションの部長になりたいと思うのはすばらしいことだし、りっぱなキャリアだが、本当の権力と大きな報酬を手に入れるためには、損益計算書や歳入に直接たずさわる部署で、経験と信頼を手に入れる必要がある。

8

しかるべきときに、しかるべき場所にいることは幸運であると同時に、あなた自身の運を開くことでもある　ニューヨークにいるフランス女性ということは、まちがいなくわたしのプラスになった。そして、アメリカのラグジュアリーブランド業界で働くフランス人ビジネスウーマンであることは、わたしにぴったりだった。イギリス風のアクセントは、アメリカで役に立つ。おそらくイギリス内でよりも。あなたが数学の高い能力を持つ会計士かファイナンシャルアナリストだったら、それは最初から強力な資質だろう。どういう会社で働きたいか？その機会を得られるような位置にいよう。勤勉、自分自身を知る、スキル、しかるべきときに機会をつかむ——すべてはあなた自身の運を開く要素になる。

9 バランスのとれた生活をしよう

すべてを手に入れることはできない。少なくとも同時には。不幸な私生活は、しばしば仕事の出来にも影響を与えることを覚えておこう。精神と肉体の健康に気をつけることは、どんなキャリアでの昇進や責任よりも重要だ。多くを望みすぎず、居心地《ビアン・ダン・サ・ポー》のいい生き方をしよう。

10 あなたのプロとしてのイメージを洗練させよう

覚えておいてほしい、何よりもイメージが大切だと。すぐれたコミュニケーション・スキルは鍵だ。しかし、率直にいうと、女性としてのあなたのイメージは、報告書やプレゼンテーション以上に、観察されている。外見が重要なのだ。どういう服装をして、どんなふうに身だしなみを整えているか、どういうふうに自分を表現しているか。厳しい現実だが、女性は外見で判断されるのに、男性はまずそんなことはない。美人である必要はないが、会社にふさわしい外見でなくてはならない。ラグジュアリーブランドの業界では、そのブランドにふさわしい生活をしなくてはならない。アルマーニの店に入っていって、従業員を眺めてみるといい。だが、ラグジュアリーブランドやファッション業界は誰にでも向いているわけではない。あなたらしい、あなたの才能を生かせる仕事をして、あなたが現実的にめざしているものに一致するようなイメージを作るようにしよう。今の仕事ではなく、やりたい仕事（最終的な地位ではなく、次の仕事）にふさわしい服装をしよう。

11

最後に、ご存じのように、ビジネスの世界では結果がものを言う。したがって、わたしの成功への鍵は、毎年、**成功の評価基準を上回る**ことだった。売上、歳入、地位、イメージなど。予測を毎年上回っていけば、あなたは注目される。そして、そのおかげで昇進できる。ただし、できること以上の約束をして、失敗する羽目にならないように注意しよう。積極的な、だが達成可能な目標を設定すること。わたしのチームは毎年ふた桁の成長を達成した。市場では、毎年トップに立ってきた。だからこそ仕事をずっと続けてこられたし、シャンパン業界にずっと身を置いてこられたのだ。

わたしは女性が二一世紀において仕事とプライベートをこなしていくときに、道案内になるような本を書こうとした。この本のアイデアや実例が「あなた自身を知る」ために役立ち、人生のどういうステージにいるにしろ、ビジネスと人生における喜び、バランス、成功を手に入れる一助となることを祈っている。もしそうなれば、こんなにうれしいことはないし、あなたを手助けできたことを光栄に思う。がんばって《ボン・クラージュ》。

謝辞

企業や官庁で働いたことのある人間なら、成果は個人によるものではなくチームの協力によって達成されることを知っている。特に目立つ貢献をした人はいるかもしれないが、独力での達成は表面的で、ビジネスではまれだ。わたしはビジネスでもプライベートでも、才能ある協力者に、ときには共犯者に囲まれてきた。すべての人たちに感謝を捧げたい。

わたしのチームでもっとも重要で、そして今後もそうであり続けるだろう人物は、夫のエドワードだ。エドワードとは、わたしが成人してからの人生のほとんどをいっしょに過ごし、考えや経験を共有してきた。ありがたいことに、お互いの言葉をお互いにしめくくる段階にはまだたどり着いていないが、ディナーテーブルで、長い散歩のあいだに、飛行機が遅延したとき、その他たくさんの機会に、さんざん会話をしてきたので、わたしの中に根づいている信念が彼に由来するものなのか、もともと自分のものなのか、あいまいになっている。わたしの考えを育てることに協力し手伝ってくれた彼に感謝したいし、この本に登場する考えのいくつかは、彼自身のものでもある。わたしが書いたすべてのことに賛同していなくてもかまわない（まったく男性というものは）。いまだにすばらしいアイデア、笑い、言葉でわたしを驚かせることのできる彼の話術を賞賛している。彼の精神をわかちあうことは、これまでも、そして今後も深い喜びだ（たぶん、彼が学長をつとめるニューヨーク工科大学にも、彼の時間をわたしに割いてもらったことに感謝するべきかもしれない）。心からの愛と感謝を贈る。

　もうじき、過去二〇年のあいだに大手出版社から刊行された本のすべての謝辞を、コンピュータで検索できるようになるだろう。いちばん頻繁に登場する名前がキャシー・ロビンズでも驚かない。彼女は著作権代理人であるすばらしい女性で、居心地よく《ビアン・ダン・サ・ポー》生きている人でもある。わたしが出版社を選び、わたしのアイデアにぴったりなところを見つけ、最終的に著書がいくつもの言語に出版されると、誰が想像できただろう？　だが彼女はそれを想像し、何度も何度も、繰り返しそう口にした。彼女のスキルだけではなく、その友情と支えを大切に思っている。ロビンズ・オフィスのチーム全員に、長年にわたる貴重な助力と協力（それに少々の陰謀）に対して感謝を捧げたい。この本は、彼らの手柄である。

わたしが異色のビジネス書を書きたいというと、キャシーは編集者のピーター・ボーランドを紹介してくれた。彼との仕事は非常に快適で効率的で楽しかった。サイモン&シュスターのアトリア・ブックスの編集長として、彼は控え目に自分自身をこう呼んでいる。「朝食、ランチ、ディナー」タイプの編集者。つまり、きちんとした形で論理的に構築され、理路整然と提示される滋養になるものが好きだという意味だ。ピーターに会う前に、わたしは朝食、ランチ、ディナーがわたしのお気に入りの余暇だとよく言っていた。そして、ピーターはいい本に調理してくれる。この本がわたしの最初のレシピよりもはるかにおいしくなったのは、ピーターのおかげである。もしあなたの気に入らないところがあれば、わたしの責任だ。ありがとう、ありがとうピーター。

そしてサイモン&シュスターの社長兼CEOのキャロライン・リーディに、アトリア・ブックスの副社長で発行人のジュディス・カーに、そして、この本を誕生させるために卓越したスキルを注いでくれたばかりか、このプロジェクトに対する信頼と熱意を示してくれた、アトリアのチーム全員に心から感謝したい。

エリン・ジョーンズ、トディ・ガットマン、レイチェル・バーグスタイン、全員が複数の草稿に目を通してくれ、彼らの意見に非常に助けられた。彼らの熱意も、作業を進めていくうえで定期的に元気を与えてくれるものだった。さらに、フランス女性の過去の二冊の版元である、アルフレッド・A・クノッフ（そしてペーパーバックの出版社ヴィンテージ・ブックス）の傑出したプロ意識に対して多大なる感謝を捧げる。彼らは本を出したことのない著者を引き受け、実にやっかいな著述の迷宮を歩く面倒を見てくれたのだ。彼らの協力がこの本を可能にした。R・〝ニック〟・ニコラスはわたしのすべての本にイラストを提供してくれている。いっそう魅力的な本に仕上げてくれた彼に、あらためてお礼をいいたい。

そして、もちろん、この本はわたしがいっしょに働いてきた人々がいなかったら存在しなかった。わたしに我慢し、たぶんおもしろがってくれた人々に感謝する。わたしはほとんどのことを他の人々から学んだ。わたしに賭け、わたしの話に耳を傾け、わたしのアイデアを実現するチャンスを与えてくれたヴーヴ・クリコ・シャンパンのチームに感謝している。ヴーヴ・クリコ・ポンサルダンとより大きなＬＶＭＨグループのために働いているときに得られた経験と世間への露出に、深い謝意を表したい。なんとすばらしい出会い、挑戦、品質、祝典を経験したことだろう。

最後に、すべての読者と、この本を書くように励ましてくださった方々に感謝したい。時間をとって本を読んでくださり、わたしのエピソードや言わんとすることを気に入ってくださったすべての方に深い感動を覚えている。大いなる敬意を捧げたい。
心から感謝します《メルシー・アンフィニマン》。

訳者あとがき

昨年から今年にかけて、フランス人やパリジェンヌの生き方が注目を集め、おしゃれや恋愛や生き方についての本が次々に出版されている。ちょっとしたフランスブームだ。フランス人ののびやかな生き方が見直されたのだろうか。しかし、本書の著者ミレーユ・ジュリアーノの初めての本『フランス女性は太らない』が出版されたのは二〇〇五年、今から十年も前のことだった。日本でも同年に単行本として出版され、おしゃれな生き方をめざすキャリアウーマンのあいだで人気を博した。『フランス女性は太らない』は四〇カ国語に翻訳され、世界じゅうで三〇〇万部以上売れたヒット作になった。その後、ミレイユは季節と共存しながら自分らしく生きることを提案した『フランス女性の12か月』を書いている。

本書『フランス女性の働き方』は、二冊をふまえたうえで、働く女性が「健康的なワーク・ライフ・バランス」を手に入れるためのちょっとした秘訣を伝授した本である。ミレイユはシャンパーニュ・メゾン、ヴーヴ・クリコの米国現地法人クリコ社の社長兼CEOとして、長年、活躍してきた。その一線での豊富な経験をもとに、彼女が提案するビジネスにおける秘訣は、シンプルだがとても含蓄があると思う。

本書の中から、いくつか印象に残る提案をご紹介してみよう。まず、決断のときに、「起こりうる最悪のことは何だろう?」と自分に問いかけること。のちに結婚するアメリカ人のエドワードと知り合って恋に落ち、アメリカに渡ったときも、条件のいい広告会社を辞めてクリコ社に移るときも、ミレイユはそれを自分に問いかけて英断を下した。決断することを恐れ、不満な境遇からなかなか一歩踏みだせずにいるなら、この問いかけはとても役立つにちがいない。

また、ストレスに押しつぶされそうなときは、まず目を閉じ、大きく深呼吸してみようと、ミレイユはアドバイスしている。これは簡単で有効なリラックス法である。さらに「これほどストレスを与えるものは何だろう」と自問し、それほど大きなストレスに耐える価値があるのだろうかと考えてみるのもいいかもしれない。そのとき、さきほどの呪文「起こりうる最悪のことは何だろう?」が活躍するはずだ。

三冊のミレイユの本を訳して感じたのは、彼女があくまで自然体で生きているということだ。もちろん生活やビジネスにおける工夫や努力は人一倍していて非常に感銘を受けたが、基本的に自分が「居心地のいい」生き方を実践しているし、本書でもそれを勧めている。そのためには「自分を知る」ことが必要になってくるだろう。

ミレイユは「精神と肉体の一時的な解放のために、毎日『ビーチの時間』をとり入れる」ことが大切だと主張している。そして自分と向き合い、自分の心の奥底の声に耳を傾け、決断をするときは「最悪のこと」まで見通す。それが致命的でなければ、ためらわずに一歩踏みだす。そんなふうに生きることができれば、仕事もプライベートも激変してくるのではないだろうか。

ミレイユ・ジュリアーノは『フランス女性は太らない』『フランス女性の12か月』を出版したのちCEOを辞職し、現在は著述家として活躍している。本書の他にすでに二〇一〇年に*The French Women Don't Get Fat Cookbook*というレシピ本も出版している。テレビや写真で目にするミレイユは、おそらく六十は超えているはずだが、年齢不詳でほっそりして魅力的だ。

みなさんも本書によって、健康的なワーク・ライフ・バランスをとり戻し、充実した美しい人生を送ってみませんか？

二〇一五年二月

本書は、二〇一〇年一二月に日本経済新聞出版社から刊行された同名書を文庫化したものです。

日経ビジネス人文庫

フランス女性《じょせい》の働《はたら》き方《かた》
仕事《しごと》と人生《じんせい》を楽《たの》しむコツ

2015年3月2日　第1刷発行

著者
ミレイユ・ジュリアーノ

訳者
羽田詩津子
はた・しずこ

発行者
斎藤修一

発行所
日本経済新聞出版社
東京都千代田区大手町1-3-7　〒100-8066
電話(03)3270-0251(代)　http://www.nikkeibook.com/

ブックデザイン
成見紀子

印刷・製本
凸版印刷

Printed in Japan　ISBN978-4-532-19760-5